新中国债券市场发展简史

中央国债登记结算有限责任公司 编著

北京时代华文书局

图书在版编目（CIP）数据

新中国债券市场发展简史 / 中央国债登记结算有限责任公司编著. -- 北京 : 北京时代华文书局, 2019.10
ISBN 978-7-5699-3145-7

Ⅰ. ①新… Ⅱ. ①中… Ⅲ. ①债券市场－经济史－中国 Ⅳ. ①F832.97

中国版本图书馆 CIP 数据核字（2019）第 168296 号

新中国债券市场发展简史

编　　著 | 中央国债登记结算有限责任公司

出 版 人 | 王训海
选题策划 | 宋启发　曾昭勇
责任编辑 | 丁克霞　汪亚云
装帧设计 | 孙丽莉　段文辉
责任印制 | 刘　银　范玉洁

出版发行 | 北京时代华文书局 http://www.bjsdsj.com.cn
北京市东城区安定门外大街 138 号皇城国际大厦 A 座 8 楼
邮编：100011　电话：010-64267955　64267677
印　　刷 | 凯德印刷（天津）有限公司　022-29644128
（如发现印装质量问题，请与印刷厂联系调换）
开　　本 | 710mm×1000mm　1/16　印　　张 | 14　字　　数 | 186 千字
版　　次 | 2019 年 9 月第 1 版　印　　次 | 2019 年 9 月第 1 次印刷
书　　号 | ISBN 978-7-5699-3145-7
定　　价 | 56.00 元

编委会

图片提供：新华通讯社

序　言

2019年是新中国成立70周年，70年来，在中国共产党的坚强领导下，我国经济建设取得了巨大的成就，人民生活水平明显改善。随着我国经济的腾飞，作为实体经济血液的金融市场，也迎来了前所未有的大发展，取得了举世瞩目的伟大成就。在这其中，债券市场作为重要的金融子市场之一，是实体经济的直接融资渠道、宏观调控的主要实施阵地、国家战略的主要落实场所，对金融市场和金融体系的发展，乃至整个经济社会的发展，发挥着不可或缺的重要作用。从全球来看，一国债券市场的整体发展水平，往往代表着一国整体的资源配置效率和风险管理水平，是金融核心竞争力的集中体现。可以说，一个经济强盛、金融发达的国家，通常由一个具有深度、广度和活跃度的债券市场作为基础性支撑，成为整个市场安全、高效运行的核心。

回顾我国债券市场发展历程可以发现，随着社会经济的发展，我国债券市场在各方面共同努力下，取得了巨大成就，成为我国金融市场发展壮大的重要组成部分。目前，从存量规模看，我国债券市场从中华人民共和国成立初期的30多亿元，增长到2018年末的近90万亿元，已成为全球第二大债券市场；从净增量来看，我国地方政府债券市场、信用类债券市场的年度发行规模都已跃居全球首位；从交易量看，年交易量已突破1000万亿元。在债券规模增长的同时，我国债券市场机制逐步完善，投资者进一步丰富，流动性稳步增强，对外开放水平不断提高，市场发展的方方面面都取得了长足的进步，成绩斐然。

回顾过去，我国债券市场经历了曲折的发展过程。早在新中国成立前，为支援革命战争、保障根据地建设，中华苏维埃政府先后多次发行公债，进行了成功的尝试，也为日后发债积累了经验。1950年，面对特殊环境，为应对财政困难、物价飞涨的局面，我国择机发行了人民胜利折实公债，实现了新中国债券零的突破，对后来债券发行影响深远。紧接着，随着国内生产的逐步恢复，为满足当时国民经济和社会发展的需要，我国又在折实公债的基础上，发行了多期经济建设公债，在期限、品种和发行流通方式等诸多方面都有所创新。可以说这几期公债的发行，标志着我国债券市场开始萌芽。但此后，随着工作重心转移，我国也进入了“既无外债、又无内债”的债券市场空白期，市场发展一度停滞。

我国债券市场的雏形始于新中国成立初期，但真正意义上的债券市场发展是与金融体制改革和经济体制改革同时开始的。改革开放后，我国做出了将工作重心转向经济建设的重大决定，国民收入分配格局出现了重大变化，财政支出不断增加。在此背景下，国债恢复发行，拉开了我国债券市场恢复发展的大幕。此后，国债经历了从行政发行为主到逐步市场化的发展历程，规模不断扩大，同时以柜台市场和交易所市场为主体的二级流通市场也逐步建立。随后，分税制改革的推出，也推动了国债市场的进一步扩容。在国债市场恢复发展的大背景下，企业债等其他债券品种也陆续登上历史舞台。

可以说，从历史的长河来看，以基础设施建设为突破点，进而成立银行间债券市场，才真正使我国债券市场发展进入了快车道。当时，面对风险事件频发等较为复杂的市场情况，在监管部门的大力支持下，我国顺应市场发展规律，加强市场顶层设计，适时成立了银行间债券市场。从市场组建之初，我们就吸取国外成熟市场经验，实现了债券无纸化和集中登记托管，促进了安全性和效率的提高；实现了一级托管和代理结算模式，初步奠定了大国债市的发展基础。以此为基础，我国债券市场迎来了爆发式的增长。除政府债券外，金融债券、企业债券等券种相继推出，各类券种期限持续丰富，发行方式不断创新，新的交易机制及交易方式加速涌现，二级市场流动性有所提高，市场互联互通加强。

党的十八大以来，党和国家高度重视金融在市场经济中的作用，加强党对金融工作的顶层设计和领导，深化各项改革的战略部署，在政府提高直接融资比重、加快利率市场化改革等措施的推动下，我国债券市场发展进入了高质量发展的新阶段，各个子市场百花齐放，取得了新的发展成就。在政府债券领域，配合着我国政府债务管理体制改革进程，地方政府债券开始登上历史舞台，并逐步实现由各省自发自还，在构建规范的地方举债融资机制的同时，推动债券市场进一步完善。目前，地方政府债券无论增量还是存量都是我国债券市场的第一大券种，成为市场发展的重要推动力量，这也是中国债券市场发展的一大亮点。在这期间，交易所市场建设也可圈可点，亮点很多，进一步丰富了市场层次，更好地服务实体经济发展，柜台市场在这期间也实现了券种及交易模式的突破。此外，越来越多的国际机构来华发债，自贸区债券市场也已经起步，市场开放更加全方位、立体化。

总体来看，我国债券市场在改革开放后，经历了以柜台市场为主、再到交易所市场为主，最终过渡到银行间市场为主的发展路径；经历从行政化摊派到市场化发行的阶段，形成了债券市场应以场外机构投资者为主的共识；经历了以政府和准政府信用债券品种为主，到政府债券、准政府信用债券、信用类债券等多品种共同发展的市场格局；也经历了主要以境内机构发债为主，到境内外机构共同发债、境外机构参与境内债券市场程度越来越深的历史性转变。30多年来，我们利用后发优势，借鉴国际先进经验，在较短的时间内，走出了一条极具中国特色的债券市场发展之路。这些成功的取得，离不开监管部门的指导和把脉，离不开市场各方精心培育和建设，也离不开关心债券市场发展的各位朋友的鼎力支持。正是大家的共同努力，才有了今天我国债券市场发展辉煌灿烂的一页。

我国债券市场多年来取得的成就，可总结为以下几点：

品种业务更加丰富。经过多年的发展，我国债券市场的类型已经覆盖国债、政策性金融债、人民银行票据、企业债、公司债、地方政府债、短期融资券、中期票据、资产支持证券等几乎所有品种，中小企业集合债、商业银行次级债、熊猫债、可转债、可交换债、永续债、专项金融债、项目收益债、绿色债券、特别提款权（SDR）计价债券、社会效应债券、“债贷组合”债券等创新品种不断涌现。买断式回购、债券远期、债券借贷、三方回购等业务相继开展。在近年信用违约事件增多、民营企业融资困难的背景下，推出信用风险缓释工具、民企融资支持工具，完善了信用分担机制。

投资主体日益多元化。多年来，债券市场投资者队伍继续壮大，个人投资者、农村金融机构，信托产品、资管产品、商业银行理财产品、私募基金及境外投资者等相继获准进入债券市场，丰富了投资者类型，优化了投资者结构，提高了二级市场流动性和市场活跃度。商业银行虽然仍是债券市场的最主要投资者，但其持有债券的比重近年来已呈下降趋势。截至2018年末，在中央结算公司开户的机构投资者由银行间市场启动之初的16家增加至2万余家，其中，境外机构有769家直接在中央结算公司开户持有债券，还有部分机构通过“债券通”间接参与我国债券市场，使我国债券市场投资主体更加多元。

制度建设迈上新台阶。目前，市场所有的债券均已实现市场化定价发行，招标发行方式得到广泛使用，簿记建档方式日益规范。债券发行管理方式也更为市场化，金融债券采用核准制，非金融企业债务融资工具实行注册制管理。与此同时，债券的信息披露、信用评级制度逐步完善，市场化约束机制作用逐步发挥。在相互借鉴中，企业债和公司债发行管理的市场化程度也逐步提高，各部门相继出台了一系列简政放权、提高市场效率的政策措施。从二级市场交易机制上看，随着近些年来做市商、结算代理等制度的逐步完善，债券流动性持续提高。与此同时，顺应2008年国际金融危机后国际监管改革的趋势，中国积极参与全球经济治理体系的改革完善，稳妥推进国际金融监管改革和稳健标准在国内的实施，并加强与有关国家和地区的跨境监管合作。

基础设施不断完善。登记托管基础设施体系成为银行间市场运转发展的基石和开放创新的保障。在主管部门的指导下，以中央结算公司为代表的金融基础设施，忠实履行使命和职责，为债券市场的发展做出了一系列开创性的贡献：开启中国债券无纸化时代，确立中央登记托管体系，以高起点现代化的登记托管模式，有力支持了中国银行间债券市场的崛起；与支付系统互联，全市场实现券款对付（DVP）结算机制，大幅提升了市场效率和安全性；与交易系统联网，实现交易结算直通式（STP）处理；构建人民币债券收益率曲线等一整套中债价格指标体系，打造金融基准定价平台，支持利率市场化和人民币国际化进程；建成先进的债券担保品管理系统，管理担保品总额跃居世界首位；构建债券全生命周期的基础设施服务体系，不断提高市场开放竞争力。

梳理市场发展史，我们可以清晰地看到，就目前我国债券市场的发展阶段，与我国经济整体发展水平相比、一些成熟市场相比，我国债券市场发展还存在一些需要完善的地方。就债券规模而言，目前我国债券市场整体规模与GDP的比例还不够高，还存在进一步扩容的空间，债券品种、期限等还有待进一步丰富，一级市场发行机制、二级市场交易机制还有待进一步完善，市场分割严重，债市基础设施呈碎片化特征，多头监管并存。

对外开放水平还有欠缺等等，都是市场今后的改进方向。

在新中国成立70周年出版债券市场发展史，具有很强的学术价值和现实意义。纵观整个金融市场发展史，此书可以说是我国第一部系统的、完整的介绍我国债券市场发展历史的书籍，按时间顺序划分，共分为债券市场萌芽、稳步发展、快速发展、创新发展、高质量发展及债券市场发展展望等章节，从市场发展概况、一二级市场、法律法规制度、基础设施建设等多个角度，全面介绍了各个阶段市场发展的脉络，也在总结阶段发展的基础上，提出了市场深化完善发展的政策建议。相信此书出版后，将成为了解、研究我国债券市场的必备读本，成为国内外研究中国债券市场的首选刊物。

以史为鉴，可以更好地面向未来。债券市场发展方兴未艾，希望各位读者能够通过此书，对更好地建设我国债券市场形成更多有益思考，与市场各方一道，共同推动我国债券市场发展迈向新台阶，为全面建成小康社会、实现中华民族伟大复兴贡献力量。

水汝庆

目 录

第一章

债券市场萌芽

中国共产党领导下的我国债券市场具有鲜明的中国特色。它播种于中央苏区，在当时发挥着支援革命战争、保障根据地经济建设的重要意义。它萌芽于建国初期，帮助新中国克服财政困难，稳定物价和金融，建立经济秩序，为社会主义工业化募集资金，奠定了我国国债发行的理论和实践基础。它暂时停滞于60年代末期，此后的十余年间，新中国既无内债，也无外债。几十年间，党和国家领导人沿着中国特色社会主义道路，从无到有构建了我国的债券市场雏形。

一、中央苏区的三次公债发行

（一）诞生背景

事实上，中国共产党领导下的债券发行可以追溯到1932年。1931年11月，中华苏维埃共和国临时中央政府（以下简称“中华苏维埃政府”）在江西瑞金建立，这标志着中国共产党在领导和管理国家方面迈出了重要一步。新政权成立之后，逐渐在中央根据地建立了统一的税收和财政制度[①]，同时明确前后方的红军给养均由财政负担，主力红军不再负责筹款任务。由于中央根据地的经济基础本身就比较薄弱，再加上持续受到国民党政府的经济封锁和多次军事“围剿”，新生的苏维埃政权面临物资短缺、开支巨大、税收不足的局面，存在较为严重的财政困难。因此，适当地发行公债，以政府信用向根据地人民筹借资金，成为当时解决财政困难、支

① 通过先后颁布《中华苏维埃共和国暂行税则》和《中华苏维埃共和国暂行财政条例》，根据地确立了统一的财税制度。

持反“围剿”战争、开展根据地经济建设的必要手段。按照毛泽东同志的话说，发行公债是“依靠群众的力量来解决经济建设中的资金问题是唯一的和可能的方法”[①]。

从1932年起，中华苏维埃政府先后三次成功发行了公债，分别是：两期革命战争短期公债（1932年）和一期经济建设公债（1933年）。这对于支援革命战争、保障根据地经济建设、推动革命最终胜利具有十分重要的意义。

（二）发行过程

1932年6月，红军正处在第四次反“围剿”战争的前夕，急需筹措革命战争经费，为此中华苏维埃政府颁布了《中华苏维埃共和国革命战争短期公债条例》，决定“向全苏区工农群众募集‘革命战争短期公债’60万元，专为充裕革命战争的用费”[②]。革命战争短期公债利率为周年一分，面额分为伍角、壹圆、伍圆共三种，还本付息日自1933年1月1日起。发行时则采取政治动员方式，号召根据地群众和团体认购，并针对不同群体存在一定的区别对待，要求“用宣传鼓动的方法来鼓动工农群众自愿来买公债券，切不可用命令强迫；但对于富农、大中商人可以责令购买”，同时要求“极严密地防止政府机关工作人员沿用过去的强迫和命令的方式，脱离群众的推销方法[③]”。

但是，首期公债发行后筹集的资金难以完全满足反“围剿”战争经费

① 摘自毛泽东《我们的经济政策》，1934 年 1 月 23 日。

② 摘自《红色中华》第 24 期，1932 年 6 月 25 日。

③ 摘自《中华苏维埃共和国临时中央政府执行委员会训令（第十三号）》。

需要。同年10月，中华苏维埃政府颁布了《中华苏维埃共和国第二期革命战争公债条例》，再次发行革命战争短期公债120万元，利率、面额、期限均与首期一致。两期短期公债的发行帮助根据地克服了经济困难，确保红军取得了第四次反“围剿”战争的胜利。

第四次反“围剿”是历次反“围剿”战役中取得战果最大的一次。随后，为抓紧时机开展根据地经济建设，抵制敌人的经济封锁，积累革命战争的物质基础，1933年7月，中华苏维埃政府通过了《中央执行委员会关于发行经济建设公债的决议》，提出“发行经济建设公债300万元，并准购买者以粮食或金钱自由交付，除以一部分供给目前军事费用外以最主要的部分用于发展合作社调剂粮食及扩大对外贸易等方面”。同时颁布《中华苏维埃共和国发行经济建设公债的条例》，由此，中华苏维埃政府正式发行第三次公债。

图为中华苏维埃政府发行的经济建设公债券

1934年10月，第五次反“围剿”失败，中华苏维埃政府和主力红军被迫实行战略性转移，退出中央根据地，开始长征。因此，经济建设公债未能按期付息兑付。新中国成立后，党中央如数偿还了这部分公债并予以合理计息，这是中国共产党相信群众、依靠群众，始终代表最广大人民群众根本利益的集中体现。

（三）发行小结

可以看出，三次公债的发行规模逐渐扩大，期限逐渐变长。在当时的战争环境下，人民群众的生活十分困苦，公债的顺利发行，更加反映出根据地群众支援革命的坚定决心、对红色政权的支持和信任，这是革命取得伟大胜利的重要基础。尤其是，第二期革命战争短期公债由于认购踊跃，实际发行金额达128万元，较原定计划超额8万元，并且很多群众和团体自觉地将认购的公债又无偿交还给中华苏维埃政府，作为支援战争的捐献。此外，两期革命战争公债期限较短，利息为周年1分；经济建设公债发行偿还期限相对较长，利息为周年5厘，并且有息票，持有人可凭息票定期领取利息。

与此同时，三次公债的募集用途也越来越广。由单一的支援战争逐渐扩大至经济建设。经济建设公债“条例”明确规定“以三分之二作为发展对外贸易，调剂粮食，发展合作社及农业与工业的生产之用，以三分之一作为军事经费”。在公债募集资金的支持下，根据地的物资保障、粮食生产分配、合作社建设、农业生产等经济工作取得了明显进步。更值得一提的是，在当时财政严重入不敷出的情况下，发行公债能够有效减少财政性货币发行，并适度回收流动性，从而对稳定根据地的币值和物价具有重要作用。

在此过程中，中华苏维埃政府的公债发行经验也逐渐丰富。第一次公债发行之时，新政权刚刚诞生，经济和财政工作尚在摸索阶段。因此，首期革命战争短期公债期限仅半年，并且根据公债条例第6条，允许群众使用所持有的公债缴纳商业税和土地税，这就导致大量公债在到期日前就回流至政府手中。第二期革命战争短期公债吸取了前期教训，明确规定“本项公债于期满后准予完纳一切租税十足通用，期未满前不准抵纳租税”。发行经济建设公债时更是“改正以前公债一次偿还，又偿期太短之不合公债原理的办法”，因此实施了利息7年、本金5年的“分年偿还”方式，足以体现出政府公债发行工作的明显进步。

（四）省苏区的公债发行

除中央苏区外，省苏政府也发行过公债，本质上等同于地方政府债券。筹集的资金大部分是用作战争军费，也有少部分是用于经济建设。例如，1933年11月，湘赣省苏区发行的两期“革命战争公债”和“革命战争短期公债”；1934年7月，闽浙赣省苏发行的“粉碎敌人第五次围剿决战公债”，从它的名称就可以看出，该公债用途十分明确，所募资金的80%用于支持第五次反“围剿”战争军费，其余20%用于经济建设和救济省苏区穷困群众。

省苏发行公债具有三个特点：一是经由中央政府批准发行；二是由所在地的省苏维埃银行代为发行，公债发行条例由省苏区财政部长（兼任省苏维埃银行行长）签发；三是单次发行规模不高。

在当时严峻的革命战斗形势下，省苏政府发行公债能够实现分散筹款，帮助分担中央政府的财政压力，精准有力地支持省苏根据地的战争和经济活动。据史料记载，解放后中国人民银行（以下简称“人民银行”）对革命群众保存下来的省苏公债全部予以兑付。

二、新中国的公债融资

1949年10月，新中国诞生。但一直到90年代之前，国家层面统一发行公债的次数屈指可数，仅有1950年发行的“人民胜利折实公债”，1954至1958年发行的“国家经济建设公债”。此外，在中央的批准下，一些地方政府也发行过公债。

（一）人民胜利折实公债——新中国第一笔国债

1. 诞生背景

1949年1月，大规模的军事斗争接近尾声，新民主主义革命胜利在望。中共中央召开财经工作座谈会，将革命工作重点由战争转移到经济领域，并决定尽快统一全国的财经工作。在此背景下，经过紧张的筹备，1949年7月，中央财政经济委员会正式成立，任命陈云同志为主任，这是新中国经济秩序建立的前提。中华人民共和国成立后，将其更名为中央人民政府财政经济委员会。

当时，中财委面临两个亟待解决的问题，首先是严重的财政困难。由于革命形势发展较快，新解放地区不断扩大，脱产军政公教人员数目激增，百废待兴之下各项建设耗资巨大，同时仍在进行的解放战争需要大规模的军费支持，这就导致财政支出大大增加。与此同时，新解放区的各项增收工作却尚未走上正常轨道，导致财政收入增长十分缓慢。因此，财政困难局面不可避免。

其次是物价飞涨。为弥补巨额财政赤字，中央政府不得已发行了大量财政性货币，1949年7月至11月不到半年时间，货币发行量增加近五倍，货币超发直接导致通货膨胀和币值下跌。再加上物资短缺和不法商人投机活动，自1949年10月15日起，出现以沪津为先导，迅速演变为全国范围内的币值大跌和物价猛涨，商品价格较7月底上涨超1 5倍，其中粮食涨价速度是一般商品的1倍以上。物价飞涨之下，人民群众普遍不愿持有货币，使得银行难以吸收存款，就更加不利于回笼货币和控制通货膨胀，国民经济陷入“发钞—通货膨胀”的恶性循环。

2. 诞生过程

陈云同志深刻分析了当时的客观形势，认为财政困难是物价飞涨的重要原因，应停止“继续发票子”，改为“发行公债”。一来可调动分散的国民储蓄弥补财政赤字，二来还能适当回收流动性，避免进一步的货币贬值。陈云同志认为，在全国经济困难情况下，发动人民购买公债“也是一种负担，但是这种负担，比起因增发钞票、币值下跌所受的损失来说，是比较小的”，这体现出他作为“中国计划经济之父”，对经济规律的准确把握和极高的个人经济才能。

1949年12月2日，在中央人民政府委员会第四次会议上，陈云同志作了《发行公债弥补财政赤字》的报告。随后，会议正式通过了《关于发行人民胜利折实公债的决定》，正式决定于1950年发行人民胜利折实公债。这一名称具有深刻含义：“胜利”表明公债用途是保证新中国革命的全面胜利；“折实”是指公债以若干种类和数量的实物的市价为募集和还本付息计量单位，采用这一形式主要是基于当时严重的通货膨胀背景，“折实”可保证公债购买者的经济利益，从而有助于提高市场认购意愿，促进公债顺畅发行。人民胜利折实公债计划发行总额为2万万分[①]，年息5厘，期限5年，分两期发行，第一期在1950年1月至3月间定期发行。

第一期人民胜利折实公债在全国顺利发行，并于1956年全部还本付息。此后，随着国家财政经济状况基本好转，未再发行第二期。

3. 发行小结

两个“一”，具有里程碑意义。这是新中国成立后第一次发行公债，也是唯一发行的实物债券，是建国后党中央在经济工作方面的重大创举。在当时的社会经济背景下，适度运用财政杠杆，打破了战时财经工作“偏左”思想的禁锢，改变了忽视价值规律、不讲经济效益的模式，实现了新中国国债发行零突破，奠定了我国国债发行的理论和实践基础，具有极其长远的积极影响。

给当时的社会经济状况带来了根本性改变。人民胜利折实公债的顺利发行，对新中国克服财政困难、回笼货币、稳定物价、巩固金融、夺取全面胜利发挥了十分重要的作用。公债发行后，全国金融、物价基本平稳运行，终结了自旧中国以来连续十多年的恶性通胀，保证了人民群众的经济利益。全国批发价物价指数“如以1950年3月为100，则同年12月为85.4，1951年为92.4，1952年为93.7”。财政状况得到显著改善，1949年财政赤字占总收入的87.12%[②]，1950年财政赤字缩小至2.89亿元[③]，1951年财政收支

① “分”是此次公债的单位，每分值以上海、天津、汉口、西安、广州、重庆六大城市的大米六市斤、面粉一市斤半、白细布四市尺、煤炭十六市斤的平均批发价格的总和计算（《陈云文选》，第二卷）。

② 1949 年全国财政收入仅 303 亿斤小米，财政赤字达 264 亿斤小米。

③ 《新中国 50 年财政统计》。

基本平衡且略有结余。

体现出一定的计划经济特点。一是公债推销按照行政分配的方式，分配过程遵循“合理负担”原则。按照区域面积、人口、经济状况、前期准备工作进展等要素，确定华东、中南、华北、西南、西北这五大承购区间，并分配相应的推销数额。推销对象不包括农民，以城市的工商业者、殷实富户、富有的退职文武官员为主，同时鼓励解放军、工人、职员、学生、公教人员、自由职业者和国外华侨等爱国者，在自愿的原则下购买。二是部分限制二级市场流通，这主要是担心公债的过度抵押和转让会加速货币流通，进而引发新一轮贬值。明确规定不准“以公债券代替货币流通市面、不准向国家银行抵押、不准用作投机买卖”，同时考虑到适当流通可缓解持有人对“砸手里”的焦虑，因此不禁止“持有者私人间正当转让或向私营银行抵押”[①]。但总体上看，公债的流动性还是受到了较大限制，这在某种程度上不利于后来国债二级市场的形成与发展。

根据当时的经济形势，存在一定的特殊安排。制定发行计划前，陈云同志进行了充分的市场调查，发现工商界存在两点担忧：一是公债有借无还；二是流动性回收过度，导致物价大跌，损害自身经济利益。针对此，陈云同志起草了《公债和钞票的发行计划》，于1949年12月16日向中央报告，提出下列应对措施：严格控制公债发行规模，尽可能降低人民的负担；公债发行时适当增发新钞，避免市场流动性过于紧张；根据市场的流动性情况，调节公债认购节奏；流动性紧张时，可适当收取主要物资作为认缴款；允许使用30%的黄金、美元向国家银行兑换人民币并认购公债。这些措施有效缓解了工商界人士的担忧，对争取各阶层支持、确保公债顺利发行、维护金融市场平稳运行发挥了重要作用。

---

① 陈云：《公债和钞票的发行计划》，1949 年 12 月 16 日。

（二）国家经济建设公债

1. 诞生背景

中华人名共和国成立后，经过三年经济恢复期，于1953年开始实施第一个国民经济和社会发展五年计划（以下简称“一五”计划），正式迈入有计划的大规模经济建设期。由于当时的生产效率仍比较低下，“一五”计划在执行过程中面临较大的资金缺口，且大部分需要由财政承担，这给中央财政带来了巨大压力。为避免货币超发再度引发严重的通货膨胀，发行公债募集经济建设资金成为当时的不二选择。因此，中央人民政府决定再次发行债券，并定名为“国家经济建设公债”。

事实上，早在1953年2月，《关于1953年国家预算的报告》就已提出应在适当时候发行公债，补充财政预算收入，但并未落实。党和政府认为，到1954年，我国已基本具备发行公债的条件。首先，经过五年多的国民经济恢复建设，“城乡人民的生活，都有了一定的改善。在这种情况下，拿出一部分收入和积蓄，购买公债，以支援国家经济建设，无疑地是做得到的①”。其次，拥有之前人民胜利折实公债的成功实践。最后，在当时中苏关系较好的背景下，苏联经济建设及公债发行对我国起到了一定的示范作用，时任财政部长邓小平同志指出“根据苏联的经验，发行公债是筹集社会主义工业化资金的重要的和经常的方法之一②”。

---

① 中央人民政府政务院《关于发行一九五四年国家经济建设公债的指示》，1953 年 12 月 9 日。
② 1949 年 11 月 30 日，全国政协常委会扩大会议，邓小平作了《关于发行国家经济建设公债的问题》的报告。

2. 诞生过程

1953年12月9日，中央人民政府委员会第39次会议正式通过了《1954年国家经济建设公债条例》，并发布《关于发行1954年经济建设公债的指示》。根据条例，国家经济建设公债的发行周期为1954至1958年，期间共发行5期。规模方面，前四期每年发行6亿元，最后一期发行6.3亿元。期限方面，首期为8年，后四期均为10年。利率方面，均为年息4厘，且还本付息均以人民币计算。流通方面，基本沿用之前的做法，规定公债不得充当货币流通，也不得用来向国家银行和公私合营银行抵押。

党和政府对国家经济建设公债的发行工作高度重视，连续五期发行均按照宣传动员、成立组织、发行认购缴款的流程开展。尤其是，由于首期发行具有较强的示范作用，故而各项工作更凸显高标准和高要求，例如，要求1953年底要做好宣传和动员工作，为1954年1月的正式发行做好充分准备。1953年12月8日至31日，《人民日报》共刊登多达22篇的宣传经济建设公债的文章；全国各地陆续成立公债推销委员会及个行业分会，积极承担所在地的推销、组织缴款等工作；党和政府对提前缴款者给予适当贴息，且利息和贴息均免税。

由于人民群众认购热情高涨，五期国家经济建设公债实际发行规模为35.44亿元，超过原定的30.3亿元，本息于1968年全部还清。党和政府高度的信誉让人民群众真切地感受到新旧中国的巨大差别。

3. 发行小结

为支援新中国经济建设筹集资金。对比1950年代后两种公债的发行目的，可以发现，两者存在显著不同。国家经济建设公债属于“建设公债”，需要计入财政预算，所筹集的资金用于国家经济建设，能够起到优化市场资源配置、扩大有效需求的作用。而人民胜利折实公债本质上是“赤字公债”，是在新中国初财政极端困难的非正常时期发行的，具有一定的纯消耗性。

有助于引导社会储蓄加速转化为政府投资。新中国初期，发行公债能够将居民手中的闲散资金集中于政府手中，这实质上是通过国家举债的手段，把闲置资本高效投入生产领域，从而能够提高资本形成率，扩大社会积累规模。此外，公债能够间接影响居民消费支出、企业投资支出、政府购买支出等，这在计划经济时代是很有必要的，符合新中国成立初期迫切需要“集中力量办大事、尽快恢复生产建设”的国情。

发行次数明显增加，债券期限也更长。与人民胜利折实公债相比，国家经济建设公债单次发行规模更多，期限也显著拉长。主要有三个原因：一是公债用途是配合实施“一五”计划，二是人民群众的物质条件较前期明显改善，具有一定的购买力，三是人民胜利折实公债的顺利兑付，使得党和政府具有较高的社会公信力。

推销对象涵盖大部分人民群众。随着人民生活水平的显著改善，国家经济建设公债的推销对象不再只局限于城市的工商业者、殷实富户等富有群体，而是包括机关、企业、团体、学校的职工和部队干部，私营和公私合营工商业者，普通市民和农民。在实际认购时，职工群众最为积极，这与他们在新中国领导下社会地位和生活水平的极大提高分不开。他们以国家主人的姿态踊跃购买公债，表达对党和政府的支持与信任。

银行只是承销者而不是认购者。这一特点同样适用于人民胜利折实公债。可以发现，当时公债的认购者仅限于个人、企事业单位、地方政府，但不包括银行。这就导致两个完全相反的后果：公债的价格和利率完全不会影响银行的存贷款利率；反过来，为了尽可能地吸引投资者，公债利率往往较同期银行存款利率高出不少，提高了国家负债成本。

（三）地方债发行初探

事实上，这段时期我国还发行过地方债。1958年4月，中共中央发布

《关于发行地方公债的决定》，提出：1959年起停止发行全国性公债，改由各省、市、自治区根据当地需要，发行地方经济建设公债；公债利息要低，发行规模应予以控制①。5月，国务院第77次全体会议通过《中华人民共和国地方经济建设公债条例草案》。6月5日，一届全国人大常委会第97次会议批准并正式发布《中华人民共和国地方经济建设公债条例》，标志着新中国开启了地方政府发行公债的年代。

条例明确要求：地方政府发行的公债利息不可过高，年利率一般不宜超过2%，必要时可以发行无息公债；可以分期偿还，偿还期限一般不宜超过5年；地方经济建设公债不得当作货币流通，不得自由买卖。

为何党中央会选择在这段时期探索发行地方债？原因可概括为三点。第一，中央财力有限，难以满足"大跃进"背景下地方建设资金缺口。1958年正处于"大跃进"和人民公社化运动轰轰烈烈开展的时期，在"鼓足干劲、力争上游、多快好省地建设社会主义"总路线的指引下，各地相继投入大规模的资金开展生产建设，导致地方财政收支缺口显著扩大，急需从外部筹措资金。第二，中央出于"因地制宜地筹集闲散资金"的考虑。由各地发行公债，相当于就地筹集资金就地办事，能够充分考虑到当地群众的认购能力、建设资金缺口等实际情况，还可以同当地人民的利益更加密切地结合起来，有助于增进人民群众支援家乡生产建设的凝聚力。第三，财政体制改革的助推作用。1957年11月，国务院颁布《关于改进财政管理体制的规定》，确定地方财政收入来源，明确提出将包括公债收入在内的调剂分成收入作为地方财政收入，并允许地方有一定数量的机动财力安排自己的特殊支出，从而一定程度上激发了地方举债搞建设的积极性。

① 《中共中央文件选集》第27册，人民出版社，2013年版，第237页。

从实践看，陆续有吉林、福建、辽宁、黑龙江、四川、安徽、江西等为数不多的省份发行了地方经济建设公债。尤其值得一提的是，1958年1月，在中央出台地方公债政策之前，甘肃省就尝试发行了3300万元的“甘肃省社会主义建设集资券”，这本质上已属于地方性公债。1963年，地方经济建设公债停止发行。

三、债券市场发展停滞

（一）公债停发的原因及影响

如前所述，全国性的公债于1959年起停发，并于1968年全部还本付息。因此，自1969年到1981年，我国成为一个既无内债，也无外债的国家，债券市场也随之进入发展停滞期。

这段时期公债停发的原因主要包括两个。第一，根本原因在于“左”倾思想开始影响社会主义经济建设。1958年我国开始实施“二五”计划，并强调“自力更生为主”[①]，导致对举债存在一定误解，甚至将其误认为是区分社会主义和资本主义的一个依据。第二，高度集中的计划经济体制基本确立。随着社会主义改造完成，我国进入公有制占绝对主体的计划经

① 1958年6月17日，毛主席在《关于向军委会议印发李富春第二个五年计划要点报告》上批示：“自力更生为主，争取外援为辅，破除迷信，独立自主地干工业、干农业、干技术革命和文化革命，打倒奴隶思想，埋葬教条主义，认真学习外国的好经验，也一定研究外国的坏经验——引以为戒，这就是我们的路线。”

济时期，资源配置几乎完全依靠财政分配，当时的劳动工资制度、粮食统购统销制度等实际已经将大部分的居民财富集中于国家财政手中，因此再通过公债筹集资金的可操作性也相应降低。

国民经济的快速发展离不开强有力的金融支持。二十多年的公债停发，严重限制了新中国的生产建设资金来源，金融市场活动也陷入低迷期。

（二）新中国初期的企业融资

这一时期，我国的融资主体除了中央和地方政府外，还有企业，企业融资方式包括长期贷款、财政拨款，以及短暂且少量的股票发行。

1. 新中国初期的股票交易所

事实上，新中国初期成立股票交易所的主要目的是给当时的大量游资寻找合适出路，而非便利企业融资。刚解放时，市场上存在大量游资，它们或在黑市上进行证券交易，或在市场上炒作金银、外币、商品等，虽严加监管但仍屡禁不止，对金融和物价稳定形成潜在冲击。为给这些游资寻找出路，保障市场稳定，人民政府对股票交易所采取了“限制消极作用，利用积极因素，改造旧的经营方式，赋予新的内容”的策略。分别于1949年6月、1950年2月，在天津、北京恢复成立了证券交易所。相继有启新洋灰公司、滦州矿物局、东亚毛呢厂、仁立毛呢厂、寿丰面粉厂、天津造胰厂、济安自来水厂等企业通过交易所融资，可以说，发行股票是这一时期企业的主要融资渠道。后来，随着全国金融物价的逐渐稳定，游资投机得到了有效遏制，人民政府于1952年7月和8月先后关闭了天津和北京的证券交易所。

2. 公私合营的投资公司

天津解放后，人民银行天津分行倡议成立天津投资股份有限公司，以满足当时私营工商企业的融资需求，这一倡议得到了私营工商界人士的积极响应。1951年初，天津投资股份有限公司正式成立，属于公私合营性质，注册资本金为300亿元，其中公股股金100亿元，私股股金200亿元，大多来自天津工商界知名人士。

天津投资股份有限公司成立后，积极利用自有资金为工商企业提供长期贷款，成为企业重要的融资渠道之一。另一方面，还集中各个行业的分散资金，组织投入有需要的企业，用于其扩大再生产。1956年，随着公私合营的顺利进行，天津投资股份有限公司退出了历史舞台。

3. 从财政拨款到"拨改贷"

再往后，国有企业逐渐占据了绝对主导地位。与此相适应的，财政拨款成为了企业当时最主要的资金来源，企业的固定资产投资、额度内的日常运营资金均由财政部门全额拨款，少量额度外的日常运营资金则借助银行贷款。可以说，财政拨款模式下的企业几乎没有融资"难题"，但这也导致财政资金使用效率严重低下。

1978年，党的十一届三中全会作出了实行改革开放的重大决策。随后，民营企业开始蓬勃发展。为提高国有企业竞争力、提高财政资金使用效率，1979年"拨改贷"应运而生，国企的主要融资方式逐步由财政拨款转变为银行贷款。由此，奠定了我国以银行信贷为主的单一融资方式，这是当时特定历史条件下的产物，对后来我国金融市场的发展产生了深刻影响。

第二章

债券市场恢复发展

党的十一届三中全会重新确立了解放思想、实事求是的思想路线，确立了以经济建设为中心的政治路线，推动了中国从闭塞走向开放、从计划经济过渡到市场经济的伟大转变，开启了改革开放历史新时期。全会解放了人们的思想，冲破了也拓宽了人们的思路，使得集中社会财力，搞社会主义现代化建设成为可能。从此，通过发行债券，适当集中社会财力，进行经济建设，成为主流认识，中国债券市场乃至中国金融市场的大门就此打开。

一、债券市场开始恢复发展

十一届三中全会以后，我国开始进行经济体制改革，国民收入分配格局发生了重大变化。一方面，国家对于经济建设的投入大幅增加，财政支出不断扩大，与此同时，国家实行减税让利政策，财政收入在国民收入中所占比重迅速下降，1979年、1980年连续出现巨额财政赤字；另一方面，居民个人收入迅速增加，储蓄存款持续高速增长。在此背景下，为确保按照当时预算编制办法实现财政收支平衡，1981年初国务院决定通过恢复发行国库券来弥补预算赤字，并解决国家建设资金的不足，结束了我国开始于50年代末的长达20余年的"无债时代"。通过发行国债，当年财政赤字规模明显收缩，市场物价基本稳定，国民经济主要比例关系继续改善，生产建设进一步发展。

此后，为了确保政府开支，实现财政收支平衡，中央政府决定继续发行国债，将国债发行作为中央政府筹集资金的一种常态化机制，国债收入开始列入国家预算，成为财政收入来源之一。国债发行为国家的经济建设筹集了大量资金，打通了能源、交通等行业的投资瓶颈，优化了产业结构，对国家信用的重新确立也具有重要意义。

在国债恢复发行的前期，政治动员加行政摊派是主要的发行方式。自

1988年开始，国债发行方式开始向市场化发行转变，采用了柜台销售、承购包销等发行方式。国债流通也由试点向全国推广，二级市场逐步建立。1994年，分税制改革实施，国债发行规模迅速扩大，发行期限和品种进一步多样化。1995年，国债招标发行成功，市场化发行机制正式确立，国债二级市场交易也开始活跃。市场化改革令国债功能得到全面开发，国债不仅是财政部门的筹资手段，还对投资者具有了资产组合功能和流动性功能，货币政策工具功能也逐渐显现，开始成为宏观经济调控的重要手段。国债现货市场和回购市场的交易价格，开始成为反映货币市场资金供求状况的重要标尺。

在国债市场快速恢复发展的同时，我国企业债券市场在20世纪80年代起步，一般企业债券[①]、企业内部债券和企业短期融资债券等品种开始出现。进入90年代，部分市场机构开始了对资产证券化业务的自主探索，监管部门开始研究信贷资产证券化试点方案。1994年，国家开发银行发行了国内首只政策性金融债。此外，为解决分散托管问题，确保债券市场健康运行，监管部门和市场机构开始研究筹备债券中央托管结算机构，为中国债券市场进入无纸化时代及后来的快速崛起奠定了基础。

① 一般企业债券是相对于重点企业债券而言的，两者的主要区别是发债单位不同。后者的发债单位为国家专业投资公司，所募集资金用于国家计划内的重点建设项目；前者的发债单位为各地企业，所筹资金主要用于地方的重点建设项目或企业的流动资金。

二、国债市场化发行启动

（一）国债市场恢复发展

在国债市场恢复初期，发行的国债以国库券为主。国家每年制定国库券条例，对当年国债发行的利率、期限、偿还方式等相关事宜进行规定。

依据1981年1月国务院常务会议通过的《中华人民共和国国库券条例》，1981年国库券的发行对象主要是国营企业、集体所有制企业、企业主管部门和地方政府，其他机关、团体、部队、事业单位、农村富余的社队和个人也可以自愿认购，不过当年实际发行的国库券全部为单位购买[①]。1981年国库券计划发行40亿元，实际发行了48.66亿元，利率为4%，年限5—9年，即从发行后第六年起抽签还本、分五年做五次偿还本金。

① 财政部综合计划司编：《中国财政收支统计（1950—1983）》，中国财政经济出版社，1986年版，第57页。

1981—1983年，全国“三八”红旗手、山西省襄垣县夏店公社桥头大队粮食专业户白清娥母女，三年共向国家售粮47000斤，购买国库券2050元。

从1982年开始，国债分销采取了面向个人的形式，当年共发行了40亿元的国债，其中18亿元分配给了国有企业，另外的22亿元由个人持有。在1982年到1984年期间，国债发行量一直保持在每年40亿元的水平上。1985年，国债发行量增加到60亿元。1986年，面向个人的国债年利率上涨到10%，面向机构的国债年利率上涨到6%。1987年，政府发行了总额为54亿元、利率为6%的重点建设债券，专门用于基本建设项目。

（二）国债发行方式向市场化转变

随着经济体制改革的不断深化，国债行政发行已不能适应市场发展需求。财政部在1988年对国库券发行做了较大改进，不但计划发行数从60

亿元增加到90亿元，而且开始尝试通过商业银行和邮政储蓄的柜台销售方式，向广大城乡居民发行实物国库券。国债一级市场雏形出现，商业银行等各类金融机构逐步成为国债的购买主体。

1989年，适应货币紧缩背景，财政部通过柜台销售方式首次发行了一笔保值（即浮动利率）国债，把三年期国债利率提高到14%，以保护投资人的利益，确保国债顺利发行。同时，财政部将原来面向机构和企业发行的国库券改为特种国债，将这部分国债同面向个人的国债区分开来，缓解国债本金和利息偿还给财政预算造成的压力。

1990年，国库券发行量接近200亿元，是1987年的3倍多。由于银行存贷款利率显著上涨，因此财政部也相应地提高了国债的息票率（面向个人的3年期国债的息票率为14%，五年期特种国债的息票率为15%）。

1991年，国库券发行方式进一步改革，财政部组织了首次国债承购包销活动，共有70家证券中介机构参加，包销了四分之一的国债，加上由地方财政部门各自组织的承购包销，1991年的国债实际上有四分之三通过承购包销方式发行。承购包销试点在国内外引起强烈反响，不仅使当年国债发行任务超额完成，而且使国债发行从行政手段向经济手段转变，标志着国债一级市场初步形成，被认为是1989年以来最重要的经济改革之一。到了1992年，以承购包销方式发行的国库券占到90%以上。

1992年开始，不再每年发布国库券条例，而由财政部公告每期债券发行具体事项。财政部改变了此前每年7月1日发行国库券的做法，将五年期国库券改为4月1日起发行，三年期国库券改为7月1日起发行。分散发行缓解了国债工作人员由于发行期和兑付期交叉而工作量增加的矛盾，提高了发行频率，缩短了发行周期，既有利于吸收社会资金，也有利于加强国债管理和提高服务水平。

（三）分税制改革推动国债发展

1993年12月，《国务院关于实行分税制财政管理体制的决定》（以下简称《决定》）正式颁布，将国债改革定位为分税制改革的配套措施，指出“建立并规范国债市场。为了保证财税改革方案的顺利出台，1994年国债发行规模要适当增加。为此，中央银行要开展国债市场业务，允许国有商业银行进入国债市场，允许银行和非银行金融机构以国债向中央银行贴现融资。国债发行经常化，国债利率市场化，国债二级市场由有关部门协调管理”。此外，《决定》要求“完善国债市场，为人民银行开展公开市场业务创造条件。财政部停止向人民银行借款，财政预算先支后收的头寸短缺靠短期国债解决，财政赤字通过发行国债弥补。邮政储蓄、社会保障基金节余和各金融机构的资金中，要保有一定比例的国债，全国性商业银行可以以此作为抵押向人民银行融通资金”。在分税制改革的背景下，发行国债成为弥补财政赤字和债务还本付息的唯一手段，国债发行规模因此急剧扩大，1994年发行1028亿元，为1993年的两倍多。

与此同时，国债种类也更加多样化。1994年发行的两年期国库券作为可上市的国债向社会公开发行，为简化手续，促进发行，除广泛动员城乡居民等各类投资者直接购买外，国家还鼓励持有当年到期国债券的投资者在兑付的同时办理购买新发行的两年期国库券（简称“以旧换新”），采取了旧券提前兑付、提高原债券利率等优惠政策。1994年发行的三年期国库券采取国库券存单的形式通过银行系统向社会上个人投资者销售，发行结束后即可在购买的银行柜台兑取，成为一种全新的国债品种——凭证式国债。凭证式国债的设计思想既顺应了当时宏观经济环境，符合改革任务对国债发行工作的要求，也充分兼顾了发行人、投资人和中介机构三方面利益，一经推出便受到城乡居民的普遍欢迎，成为中央财政最稳定、最可靠的债务融资工具之一。1994年还首次发行了一年期以下的短期国债，实现了期限品种的多样化。

1995年，财政部继续采取承购包销和柜台销售相结合的方法发行国债，并在当年8月首次进行了国债招标发行的试点，采取手工输单、多种价格的划款期招标，实行了基数认购、竞价招标的发行方式，并获得成功。作为完全市场化的发行方式，招标发行降低了发行成本，提高了发行效率，促进了基准利率体系的形成，增强了广大投资者对国债市场的信心，成为中国国债发行体制改革的重要转折点。

1995年还推出了三年期可提前兑换的不上市国库券，采用以旧换新方式，满足了投资者的多样化需求。与此同时，财政部取消了对可交易国债的保值补贴，但对面向个人投资者的不可交易凭证式国债仍保留保值政策。由于保值补贴较高，个人投资者认购热情十分高涨，不可交易的凭证式国债占据了较大的市场份额。

纵观1981—1995年间，国债发行规模逐年增长，1994年起突破千亿元（见表2-1）；发行种类向多元化发展，除国库券外，还发行了重点建设公债、建设公债、财政债券、保值公债、特种公债等；国债偿还期限涵盖五年、三年、二年和一年以下，基本实现了中、长、短结合的目标；国债利率不再呆板，而是根据国家经济发展状况，在不同的年份、对不同的种类制定不同的利率；发行对象从以单位为主，逐渐转向多层面、以公民个人为主。

表2-1：1981—1995年国债发行规模、财政收入及GDP一览表[①]

单位：亿元

年份	发行额	当年财政赤字	当年国债发行额占财政赤字比重（%）	当年财政收入	当年国债发行额占财政收入比重%	当年GDP	当年国债发行额占GDP比重（%）
1981	46.65	51.02	95.37	1175.79	3.97	4891.6	0.95
1982	43.83	34.59	126.71	1212.33	3.62	5323.4	0.82
1983	41.58	83.07	50.05	1366.95	3.04	5962.7	0.70
1984	42.53	43.62	97.50	1642.86	2.59	7208.1	0.59
1985	60.61	20.22	299.75	2004.82	3.02	9016.0	0.67
1986	62.51	106.53	58.68	2122.01	2.95	10275.2	0.61
1987	63.07	80.02	78.82	2199.35	2.87	12058.6	0.52
1988	132.17	161.93	81.62	2357.24	5.61	15042.8	0.88
1989	138.91	176.41	149.60	2664.9	5.21	16992.3	0.82
1990	197.24	115.14	171.30	2937.10	6.72	18667.8	1.06
1991	281.27	217.01	129.61	3149.48	8.93	21781.5	1.29
1992	460.77	228.79	201.39	3483.37	13.23	26923.5	1.71
1993	381.32	298.87	127.59	4348.95	8.77	35333.9	1.08
1994	1028.57	666.97	154.22	5218.10	19.71	48197.9	2.13
1995	1510.9	662.82	227.95	6242.20	24.20	60793.7	2.49

值得一提的是，在此阶段，财政部代表中央人民政府在国际市场发行了主权外币债券，共发行以美元、德国马克、日元等货币计价的主权债券8笔，合计约28.05亿美元（见表2–2）。

① 资料来源：高坚《中国国债（修订本）》（1997），历年《中国统计年鉴》，历年《中国国债市场年报》，中国国债协会网站：http://www.ndac.org.cn 等。

表2-2：1981—1996年间我国主权外币债券发行情况

序号	债券种类	发行日期	币种	发行金额（亿外币）	期限（年）	票面利率（%）	利差（基点）	合美元（亿美元）	到期日	余额（亿美元）
1	欧洲马克债（1）	1987–9–22	马克	3	5	6.00	N/A	2.14	1992–9–22	0
2	欧洲日元债（1）	1993–9–9	日元	300	5	4.375	25	2.80	1998–9–22	0
3	龙债（1）	1993–10–14	美元	3	10	6.125	88	3.00	2003–11–4	0
4	全球债（1）	1994–2–2	美元	10	10	6.50	85	10.0	2004–2–17	0
5	武士债（1）	1994–7–4	日元	300	10	4.95	37	3.08	2004–7–11	0
6	武士债（2）	1994–7–4	日元	300	5	4.40	28	3.08	1999–7–11	0
7	武士债（3）	1995–12–11	日元	100	20	4.65	104	0.99	2015–12–11	0
8	武士债（4）	1995–12–11	日元	300	7	3.00	33	2.96	2002–12–11	0

三、国债二级市场建设起步

（一）国库券转让试点启动

我国国债二级市场在这一时期经历了从无到有、逐步规范的发展过程。

“1981年条例”规定“国库券不得当作货币流通，不得自由买卖”。随着国债市场的发展，交易流通的必要性和迫切性日益凸显。1987年10月党的十三大召开，大会第一次提到金融市场的概念，提出“发展生产资料市场、金融市场、技术市场和劳务市场，发行债券、股票，都是伴随社会化大生产和商品经济的发展必然出现的”，“加快建立和培育社会主义市场体系。社会主义的市场体系，不仅包括消费品和生产资料等商品市场，而且应当包括资金、劳务、技术、信息和房地产等生产要素市场”。这为国债市场流通扫除了政策和认识上的障碍。

1988年4月，国家首先在7个城市（上海、沈阳、重庆、武汉、哈尔滨、广州、深圳）试点开放国库券转让，由中国人民银行同财政部组成国库券转让试点工作小组，进行统一布置和具体组织。为避免盲目上市，首批允许上市的品种仅限于1985、1986两年发行的国库券。1988年5月，《财政部关于转发〈开放国库券转让市场试点实施方案〉的通知》明确于6月上旬在54个第二批试点城市开办国库券转让业务，并提出具体的实施方案。《通知》指出“国库券的发行和流通是一个整体，财政部门负责发行必然要管流通”，“财政部门具有国库券发行者和流通市场管理者双重身份，既要促进国库券的流通，又要使流通市场的交易活动有利于国库券的发行”。自此，国债流通试点城市增加至61个，我国国债二级市场正式发端，结束了1981—1988年长达7年有债无市的历史。经过一年多的试点，国债流通市场初步形成。到1989年，全国100多个城市的400多家交易机构开办了国库券转让业务。

1988年4月，广州市开放国库券转让市场，有11个金融机构承办国库券转让业务，图为广州市交通银行开设的国库券转让点。

1988年4月21日，上海市国库券交易市场在全市8家证券业务点同时开市。

图为上海市民在静安证券业务部进行国库券转让活动。

（二）二级市场逐步建立

从1990年开始，国家采取了一系列措施促进国债二级市场的发育。

一是逐步放开上市转让券种。1990年5月，财政部允许1982年、1983年、1987年和1988年对个人发行的国库券上市转让；1990年9月，允许

1989年国库券和保值公债上市转让；同年12月，允许1990年国库券上市转让。至此，各类国库券的上市转让已经全面放开，为搞活国债市场起到了推动作用，为国债二级市场的正式建立创造了先导条件。

二是加强监管协调。1990年5月，财政部会同人民银行、国家工商行政管理局和公安部联合发出了《关于打击国债非法交易活动的通知》，维护国债市场的正常秩序和交易活动。

三是发展国债交易中介机构。到1990年底，全国已有61个城市建立了1600多家国债交易中介机构，对于保护群众利益、维护国债信誉、促进国债发行流通、贯彻国债政策、促进二级市场发育起到了重要作用。1990年11月，上海证券交易所成立，12月正式营业，开始接受实物债券的托管并进行记账式债券交易，开启了中国债券场内交易市场。同年，深圳证券交易所试运行，1991年7月正式营业。交易所债券市场的出现，形成了场内和场外交易并存的市场格局。

四是创建STAQ系统。1990年，发起并参与设计沪深证券交易所的中国证券市场研究设计中心在北京创建了全国证券交易自动报价系统，即STAQ系统，于12月正式开通运行。STQA系统依托电子计算机网络进行证券交易，连结国内各大中城市和证券经营机构，为会员提供证券价格信息和结算等方面的服务，加快了证券交易速度，使国债流通市场的发展达到新高度，交易量不断增加。1990年国债流通总额为115.94亿元，是1988年的4.79倍、1989年的5.45倍；当年国库券流通量为104.89亿元，占流通总额的90%。

在两批试点后，1991年3月，财政部和人民银行联合发出通知，决定“在全国地市级以上的城市和地区所在的县级市（西藏除外）全面开放国债转让市场”，允许国债在全国400个地市一级以上的城市进行流通转让，标志着国债二级市场对内全面开放，一些地方性债券交易中心及柜台交易中心逐渐形成。与此同时，国债承购包销方式的出现进一步促进了流通市场的发展，国债中介机构迅速增加，当年全国各类证券中介机构达到2000多家，国债交易量达到了370亿元。同年，中国国债协会成立，标志着行业自律性管理的开始。

1992年，国债流通转让市场继续发展，交易量达到1083亿元。当年武汉国债交易中心成立，是全国第一家专门开展国债流通转让的集中性交易场所，活跃了中南地区的国债交易。同时，为适应广大持券人对于短期债券的需要，一些财政系统的证券中介机构采取“拆长卖短”的办法，将期限较长的五年期国库券和三年期国库券分解成5个或3个一年期的短期国债，受到投资者欢迎，对于活跃国债二级市场起到了一定积极作用。“拆长卖短”办法随后被标准的本息分离债券和合成债券取代。

（三）交易所市场迅速发展

1993年初，中国市场利率持续上升，国债交易价格不断下跌，投资者借助国债衍生工具进行套期保值的需求出现。在此背景下，国债回购首先在证券中介机构和银行之间以及证券中介机构之间得以应用，并迅速发展成为一种重要的短期资金融通手段。与此同时，为了刺激疲软的国债二级市场，财政部联合上海证券交易所建立了国债期货市场，并于1993年初在上海证券交易所进行了国债期货交易试点，丰富了国债交易品种和方式。

1994年，为了满足证券中介机构（主要是非银行金融机构）的短期融资需要，国债回购交易同时在几个交易所展开，对活跃国债一级市场和二级市场起到了重要作用。

1995年，国债二级市场交易规模迅速扩大，大量资金流向国债市场，与此同时，国债期货市场的投机风气愈演愈烈，最终引发“327事件”。5月，证监会（即中国证券监督管理委员会，下同）发出《关于暂停全国范围内国债期货交易试点的紧急通知》，关闭国债期货市场。由于回购市场中也存在较严重的买空、卖空、挪券、假回购等违规行为，国家开始在武汉交易中心、天津证券交易中心和STAQ系统中对回购市场进行整顿。由于中央政府批准的上交所和深交所仍有权进行回购交易，因此这两个市场的回购交易依然十分活跃。

交易所成立初期，交易量很小，国债交易主要通过商业银行和证券经营机构的柜台进行。到了1994—1995年，场内场外的实力对比发生明显变化，大部分国债现货交易转入场内，全国的柜台交易价格逐步向上海证券交易所成交价靠拢，中国债券市场开始呈现以交易所市场为主的格局。交易所市场的快速发展源于多重原因：一是交易所价格波动较大，场内集中撮合竞价的交易方式方便高效，契合中小投资者小额高频的交易特点；二是国债发行逐步实现了从行政摊派到市场化方式的改革，发行效率明显提高，市场规模随之扩大，直接促进了交易的活跃；三是1993年财政部对国库券利率的调整令国债期货价格波动加剧，期限联动效应提振现券交易；四是场外柜台市场因出现违规行为被监管部门叫停，证券交易所成为中国当时唯一合法的债券交易市场。

为杜绝分散托管导致的违规行为，推动市场健康发展，建立债券中央托管结算机构、实现债券集中托管和统一结算成了必然的政策选择，财政部、人民银行等监管部门开始就组建国债托管结算机构展开研究。自1994年下半年开始，在人民银行的指导下，中国证券交易系统有限公司（简称“中证交”）就债务工具的登记、托管与结算体系的业务模式和系统建设做了大量研究和开发等前期工作，开始办理政策性金融债和中央银行融资券的无纸化登记托管，并支持人民银行公开市场操作试点开展。1996年，经国务院批准，由财政部和人民银行在原“中证交”的基础上，改组设立中央国债登记结算有限责任公司（简称“中央结算公司”），标志着我国向建立统一、安全、高效的国债登记结算系统方向迈出重要一步，推动我国债券市场步入“无纸化时代”。

四、企业债券市场萌芽

（一）企业债券和短期融资券诞生

1985年5月，沈阳房地产开发公司向社会公开发行了五年期企业债券，这是改革开放后发行的有记载的第一只企业债券。

1987年，国务院颁布关于企业债发行的第一个基本法规《企业债券管理暂行条例》，规定人民银行是企业债券的主管机关，企业发行债券必须经人民银行批准。

作为企业筹措短期资金的工具，企业短期融资券于1987年在上海出现，1988年在江苏、浙江、重庆等地进行试点。1989年2月，为支持效益好的企业在信贷紧缩的形势下正常发展，人民银行在总结试点工作的基础上，发布《关于发行企业短期融资券有关问题的通知》，允许企业在人民银行批准的前提下发行企业短期融资债券，并将企业短期融资债券的发行规模纳入全国资金计划，发行额度由人民银行总行年初一次下达，各地区人民银行分行按余额控制，企业可委托金融机构代理发行。企业短期融资债券的发行对象为企业、事业单位和个人，并规定企业、事业单位只能用其可自行支配的自有资金认购；债券期限为3个月、6个月、9个月三个档次，利率上限在同期居民储蓄利率的基础上上浮10%。企业发行短期融资券所筹集的资金只能用于短期融资需要，不得用于长期周转和固定资产投资。债券发行后，可以上市转让。1989年4月，人民银行又发布了《关于发行企业短期融资券问题的补充通知》，对原通知的规定做了修改。修改后的企业短期融资债券利率可在同期银行储蓄存款利率的基础上上浮40%。从此，企业短期融资债券在全国推开。

为了加强对企业债券的管理，引导资金的合理流向，有效利用社会闲散资金，保护投资者的合法权益，1993年8月，国务院出台了《企业债券管理条例》，对发行审批程序作出了规定，同时还规定了发行配额、面向产业和利率等，明确企业债券发行后可以转让、抵押，地方企业债券的期限一般在1—5年不等，利率略高于同期限的银行定期存款利率，发行对象主要是个人投资人，个人投资人投资企业债券的利息收入要扣缴20%的所得税。之后企业债券的发行开始走向规范化。

根据《企业债券管理条例》规定，国家计划委员会会同人民银行、财政部、国务院证券委员会拟订全国企业债券发行的年度规模和规模内的各项指标报国务院批准。未经国务院同意，任何地方、部门不得擅自突破企业债券发行的年度规模，并不得擅自发行和变相发行企业债券。中央企业发行企业债券，由人民银行会同国家计划委员会审批；地方企业发行企业债券，由人民银行省、自治区、直辖市、计划单列市分行会同同级计划主管部门审批。因此，一般企业债券也因此被划分为中央企业债券和地方企业债券[①]。从企业债券的发行机制看，这一时期行政色彩较为浓厚。

① 从2001年开始，我国不再进行中央企业债券和地方企业债券品种的划分。

（二）其他企业债券出现

1984年，中国从农村到城市兴起办集体企业和联合企业的热潮。由于银行信贷不能满足需要，所以各种集资方式纷纷兴起，不少乡镇企业率先采取“以资带劳”和“以劳带资”方式向厂内职工筹集资金。企业内部债券就是企业内部集资方式发展的结果，是企业依照法律规定程序向内部职工发行的、约定在一定期限还本付息的有价证券。国有企业发行内部债券，主要是为了提高短期流动性；合伙企业发行内部债券，主要是为了筹措企业资金。

1989年3月，国务院发布《关于加强企业内部债券管理的通知》，使全国企业内部债券的管理走向统一和规范化。通知规定：企业发行内部债券，必须严格遵守国家有关规定，遵循自愿、互利、有偿的原则，不得强行摊派；机关、团体、事业单位和非生产性企业一律不准发行内部债券；未完成购买国家债券任务的生产性企业，也不得发行内部债券；企业发行内部债券，由人民银行统一管理、分级审批；内部债券的期限最长不得超过一年，利率最高不得超过银行同期居民定期储蓄利率的40%，不得擅自提高利率；职工所得的债券利息收入，必须依法纳税；企业不得将生产发展基金和职工福利基金转为职工个人的内部债券等。

为贯彻国务院的通知，1989年6月，人民银行发布《关于加强企业内部集资管理的通知》，对一些问题作了补充规定：企业内部集资一般应采取发行企业内部债券的方式；企业内部债券可以在企业内部转让，但不得公开上市转让；企业应在内部指定专门机构，办理内部转让事宜。从此，中国企业内部债券开始走向正规，纳入宏观管理的范围。企业内部债券与其他债券的根本区别体现在发行对象和转让范围上，其发行对象仅限于发行企业的内部职工，转让范围也仅限于发行企业内部。

此外，20世纪90年代还发行了一批专门用途的企业债券。比如1992年发行了首只住宅建设债券，发行总额为6.43亿元；一些地方投资公司还发行了地方投资公司债券，发行款主要用于地方的重点建设项目。

（三）企业债券缓步发展

在1981—1995年期间，企业债券交易量极小，二级市场发展缓慢（见表2-3）。原因主要是持有企业债券能获得较高收益，投资者不愿轻易脱手变现。债券转让困难、流动性低，也影响了投资者购券和持券的积极性。

表2-3：上海深圳交易所1992—1995年企业债券交易情况[①]

年度	年末上市数目		成交数量		成交金额（百万元）		成交笔数	
	上海	深圳	上海	深圳	上海	深圳	上海	深圳
1992	15		108100		12.27		9260	
1993	12	8	11100	31550	7.82	3.2	162	
1994	18	6	1500	330	1.83	0.03	65	3
1995	12	1	501500	238400	61.06	23.04	4442	1846

企业债券的发行量自1986年起逐年增长，在1992年达到阶段巅峰，随后快速下降（见表2-4）。到了20世纪90年代后期，由于企业债券市场出现多起违约事件，政府中止了地方企业债券的发行。

① 资料来源：中国证券监督管理委员会编，《1998 中国证券期货统计年鉴》，中国财政经济出版社 1998 年版，第 52 页和第 54 页。

表2-4：企业债券发行、兑付及余额情况[①]

		1986	1987	1988	1989	1990	1991	1992	1993	1994	1995
企业债券	发行额	100.00	30.00	75.41	75.26	126.37	249.96	683.71	235.84	161.75	300.80
	兑付额	16.23	27.42	46.72	43.94	77.29	114.31	192.76	255.48	282.04	336.30
	期末余额	83.77	86.35	115.04	146.36	195.44	331.09	822.04	802.40	682.11	646.61
中央企业债券	发行额							74.10			77.50
	兑付额										
	期末余额							74.10	74.10	74.10	151.60
地方企业债券	发行额	100.00	30.00	30.00	14.83	49.33	115.25	258.77	20.06	38.43	52.50
	兑付额	16.23	27.42	46.27	15.32	22.05	25.34	37.26	79.45	91.19	152.50
	期末余额	83.77	86.35	69.63	69.14	96.42	186.33	407.84	348.45	295.69	195.69
短期融资券	发行额			11.72	29.72	50.15	104.44	228.53	215.78	123.32	170.80
	兑付额				14.74	32.73	60.03	111.27	176.03	190.85	173.00
	期末余额			11.72	26.70	44.12	88.53	205.79	245.54	178.01	175.81
内部债券	发行额			33.69	30.71	26.89	30.27	111.51			
	兑付额				13.88	22.51	28.94	44.23			
	期末余额			33.69	50.52	54.90	56.23	123.51	123.51	123.51	0.00
地方投资公司债券	发行额							4.37			
	兑付额										4.37
	期末余额							4.37	4.37	4.37	0.00

① 资料来源：中国证券监督管理委员会编，《1998 年中国证券期货统计年鉴》，中国财政经济出版社 1998 年版，第 10—11 页。

五、法律体系开始建立

（一）国债法律法规体系建立

在这一时期，国债相关法律法规开始出台并完善，为国债市场的恢复发展和市场化改革提供了有力支持。

在国债恢复发行的前十年（1981—1991年），由于各种相关制度尚未完善，因此每年政府都以条例形式对当年的国债发行具体事项进行针对性规定，如《中华人民共和国1983年国库券条例》、《中华人民共和国1987年国库券条例》等。直至1992年3月，国务院发布《中华人民共和国国库券条例》规定“每期国库券的发行数额、利率、偿还期等，经国务院确定后，由财政部予以公告”，并将发行事宜固定下来，每年发布当年的国库券条例的做法才宣告结束。

1993年12月，财政部等三部门联合颁发了《中华人民共和国国债一级自营商管理办法》，明确规定国债一级自营商的权利与义务。中国工商银行、华夏证券有限公司、中国国际信托投资公司、南方证券有限公司和中国光大国际信托投资公司等19家金融机构获准成为首批国债一级自营商。

国债一级自营商制度的建立，标志着中国国债市场向规范化方向迈出了重要一步。

1994年，中国的经济改革进入一个新阶段。根据中共十四届三中全会《关于建立社会主义市场经济体制若干问题的决定》的战略部署，在财政金融领域实施了若干重大改革举措：进一步明确中央银行执行货币政策的独立性和完整性，建立强有力的金融宏观调控体系；成立三家政策性银行，四大国有银行改组为国有商业银行，商业银行与政策性银行彻底分离，为商业银行持有国债扫清了政策障碍。

1995年1月开始施行的《中华人民共和国预算法》明确规定政府不得向银行透支或通过向银行借款的方式来弥补财政赤字，发行长期和短期国债成为弥补财政赤字的唯一方法。1995年颁布的《中华人民共和国人民银行法》再次重申了人民银行不得向政府透支，不能直接认购政府债券的规定。自此，政府财政赤字通过向人民银行透支或借款弥补的历史彻底终结，国债完全成为政府弥补财政赤字的主要方式。这推动了国债发行规模的快速增长，同时也为国债的市场化改革提供了条件和动力。

在此期间，国债发行管理工作经历了由人民银行主管到由政府领导、财政部门和人民银行共同管理的过程。1987年国库券发行改为由人民银行和工、农、中、建四大行及所属机构办理；1988年改为由人民银行组织这四大行及其所属机构办理；1989年又改为由人民银行组织各专业银行及其他金融机构办理；1990年和1991年则改为由各级人民政府统一领导，银行、财政、邮政部门多渠道办理；1992年以后改为在各级人民政府统一领导下，由财政部门和人民银行组织有关部门多渠道办理。

（二）企业债券法规出台

这一时期企业债券的法律法规开始出台。1993年8月，国务院在《企业债券管理暂行条例》的基础上出台了《企业债券管理条例》，规范了企业债券的发行。

此外，国务院先后发布了《关于加强企业内部债券管理的通知》《关于发行企业短期融资券有关问题的通知》《关于发行企业短期融资券问题的补充通知》等文件，在促进企业内部债券和企业短期融资券发展的同时，对这两个券种的发行事宜作了规范。

六、债券品种逐步丰富

1981—1995年间，除了国债和企业债券两类主要品种外，还有一些新的债券品种应国家建设或市场发展的需求而出现，我国债券市场品种逐步丰富起来。

（一）国家投资公司债券

国家投资公司债券包括重点企业债券和基本建设债券两个品种。由于重点企业债券和基本建设债券基本上采用行政派购、限期完成的方式发行，而且其发行主体也是国家专业投资公司，所以它们带有准国家债券的性质，不是标准意义上的企业债券。从1992年起，重点企业债券和基本建设债券合并改为国家投资公司债券。

重点企业债券是重点企业为筹集建设资金而发行的债券。1987年国家专业投资公司（能源投资公司、原材料投资公司、交通投资公司、机电轻纺投资公司）成立前，由电力、冶金、有色金属、石油化工等行业的重点企业发行，1988年后改为国家专业投资公司发行。从1987年到1992年共发行六期（见表2-5）。

表2-5：国家投资公司债券发行兑付情况[①]

单位：亿元

年度	发行额	兑付额	期末余额
1987	30.00		30.00
1988	90.00		120.00
1989	22.53		142.53
1990	6.15		148.68
1991	2.29	0.83	150.14
1992	8.01	2.04	156.11
1993		2.38	153.73
1994		1.92	151.81
1995		32.70	119.11

基本建设债券是国家专业投资公司筹集基本建设资金而发行的债券，由国家专业投资公司、中国石油天然气总公司和铁道部联名印制和发行，并按债券资金分配比例承担经济责任和法律责任，1988年、1989年和1991年各发行一期。其中，1988年发行的80亿元基本建设债券由中国工商银行、中国农业银行、中国银行和中国建设银行直接认购，期限为5年，年利率7.5%，不计复利，不提前兑付，但可抵押和转让，到期由发债单位一次还本付息。1989年的基本建设债券由国家专业银行代理国家专业投资公司发行，发行对象是全国城乡居民个人，期限3年，年利率按高于3年定期存款利率一个百分点加保值贴补率计算，不计复利，从购买之日起开始计息，到期后一次还本付息，债券不记名、不挂失，可以转让，利息收入免征个人收入调节税。从1989年起，基本建设债券进入二级市场交易、转让。

① 资料来源：中国证券监督管理委员会编，《1998中国证券期货统计年鉴》，中国财政经济出版社1998年版，第10—11页。

（二）政策性金融债券

1993年12月颁布的《国务院关于实行分税制财政管理体制的决定》明确规定："政策性银行可按照核定的数额，面向社会发行国家担保债券，用于经济结构的调整。"1994年4月，国家开发银行以行政派购方式向工、农、中、建等十一家金融机构发行200亿元三年期金融债券，从此拉开了政策性金融债券的发行序幕。

1992年，北京涌起"证券热"。在西单附近的中国建设银行证券交易部内，大型证券牌价表上标明了各类国库券、债券的买、卖价格。

在付息方式上，1994年度发行的政策性金融债为到期一次还本付息的单利债券，从1995年起，国家开发银行开始发行按年付息的附息债券。所发行的三年期金融债券为固定利率债券，为规避利率风险，五年期、八年期的金融债券从1995年起实行由人民银行一年一定的准浮动利率。派购发行的政策性金融债券尚未正式流通，但人民银行批准其在货币市场上做抵押回购业务，同时可以作为公开市场操作工具。

（三）地方政府债券

20世纪80年代末至90年代初，许多地方政府为筹集资金修路建桥，发行了地方债券。有的地方债券是无息的，以支援国家建设的名义摊派给各单位，甚至直接充当部分工资。但到了1993年，基于对地方政府兑现能力的担心，这一行为被国务院禁止。1995年《中华人民共和国预算法》实施，第28条明确规定“除法律和国务院另有规定外，地方政府不得发行地方政府债券”。之后一段时间，地方政府借道融资平台以企业借款的名义举借政府债务。

（四）资产支持证券

进入20世纪90年代，随着中国经济快速发展，市场主体的融资需求逐步多元化、个性化，资产证券化这一欧美市场成熟的融资方案逐步进入中国视野，部分市场机构开始了对资产证券化业务的自主探索。1992年，三亚市开发建设总公司以三亚单洲小区土地为标的，公开发行了2亿元的三年期投资证券，并利用担保条款实现了“破产隔离”，被视作中国资产证券化的首次尝试。

与此同时，我国金融体系改革、融资结构优化、银行风险防控方面的需求日益迫切，银行业在开展个人住房金融业务过程中的流动性问题开始凸显。在此背景下，资产证券化作为具有盘活存量资产、优化资源配置、实现风险转移等优势的金融创新工具，受到中国金融监管部门的关注。20世纪90年代，人民银行在政策层面开始研究探索在我国开展个人住房贷款证券化业务的可行性和相关政策，为信贷资产证券化试点的方案设计以及之后试点工作的启动奠定了基础。

专栏一："327"国债期货事件

1992年12月28日，上海证券交易所首次设计并试行推出了12个品种的期货合约。国债期货试行的两周内，交易清淡，仅成交19口。1993年7月，由于通胀严重，民众购买国债的意愿下降，财政部颁布了《关于调整国库券发行条件的公告》，宣布政府决定将参照中央银行公布的保值贴补率给予一些国债品种保值补贴。

所谓的保值贴息指的是，通货膨胀带来人民币贬值，从而使国债持有者的实际财富减少。为了补偿国债持有人的这项损失，财政部会拿出一部分钱作为利息的增加，称之为保值贴息。理论上，保值贴息应该与通胀率的实际值相等，而在国际惯例上，大多数国家（包括2012年的中国）已经取消了这一补贴，原因在于，国债购买者在购买时应当自行预见金融产品收益的不确定性。

随着补贴政策的出台，国债从固定利率品种变成了浮动利率品种，国债现货价格波幅增大，由于期货价格取决于相应现货价格预期，因此国债期货市场的炒作空间随之扩大，投机活动渐渐增多。享受保值补贴的品种包括了1992年发行的三年期国库券，简称92（3）券。该券发行总量240亿元，1995年7月1日到期，"327"国债期货合约就是针对这只国库券。1993年7月1日，人民币三年期储蓄存款利率上调至12.24%，比92（3）券的票面利率高出2.74个百分点，而财政部发布的公告仅仅规定了92（3）等国债品种将与居民储蓄存款一样享受保值贴补，并未说明92（3）现券是否将随着储蓄利率的提高进行同步调整。因此，92（3）国债是否加息成为市场一大悬念，直接影响“327”期货合约的价值。

在1991—1994年间，中国通胀率居高不下，保值贴息率一直在7%—8%的水平上。1995年1月，全国金融工作会议提出，要实行适度从紧的货币政策，坚决抑制通货膨胀。春节过后，通胀回落态势逐步明朗，CPI在1994年12月和1995年1月连续回落。1995年2月初开始，市场开始传闻财政部又将提高保值贴补率，“327”国债将会以148元对付。面对传闻，市场出现了急剧分化，时任万国证券总经理，有中国证券教父之称的管金生预测，“327”国债的保值贴息率不可能上调，即使不下降，也应维持在8%的水平。按照这一计算，“327”国债将以132元的价格兑付。因此当市价在147—148元波动的时候，万国证券联合辽宁国发集团（简称“辽国发”），成为市场空头主力。而另外一边，当时隶属于财政部的中国经济开发信托投资公司（简称“中经开”）坚定做多，市场上绝大部分的中小散户和部分机构也做多，主要原因是通胀短期内无法控制，保值贴补必然继续上涨，“327”国债的兑付价也会相应上涨。

1995年2月23日，多空双方激烈搏杀，多次出现戏剧化转折。先是多方大肆买入，随后辽国发由空翻多，“327”合约价格急剧上涨。万国证券将有60亿元巨亏，不甘缴械，在收盘前八分钟突然大举做空，透支抛出1056口合计2112亿元的超级空单，将价位从151.30元砸到147.40元。由于临近收盘，仓促间多方全军覆没，出现42亿元巨亏。当晚上交所紧急宣布：16时22分13秒之后的所有交易违规无效，当日“327”品种的收盘价为违规前最后一笔交易价格151.30元。这一决定使万国证券反亏56亿元，濒临破产。

次日（2月24日），上交所发出《关于加强国债期货交易监管工作的紧急通知》，就国债期货交易的监管问题作出六项规定：1.从1995年2月24日起，对国债期货交易实行涨跌停板制度；2.严格加强最高持仓合约限额的管理工作；3.切实建立客户持仓限额的规定；4.严禁会员公司之间相互借用仓位；5.对持仓限额使用结构实行控制；6.严格国债期货资金使用管理。同时，为了维持市场稳定，暂停国债期货的竞价交易，对“327”合约实行协议平仓交易。当晚，媒体发布了财政部对92（3）券贴息和保值补助的公告，“327”对应的92（3）券将按148.50元兑付。

“327事件”暴露出当时市场的诸多问题，包括监管制度不健全，技术漏洞过多，引发市场操纵、老鼠仓和内幕交易；当日做空、次日回补的“逐日盯市”保证金规定不合理，导致透支交易和过度投机；忽视核心风控机制和预警监控体系，炒作成本极低；交易前台缺乏制约，盲目鼓励做量；“327”品种可流通量小，并不具备国债期货交易的现货存量条件等。事发之后，2月23日，证监会、财政部发布《国债期货交易管理暂行办法》，规定建立国债期货交易涨跌停板制度；将交易保证金提高至10%，进入交割月后提高至20%以上；实行每日结算制度，不得透支进行期货交易。这是中国第一部全国性的国债期货交易法规，但显然有些姗姗来迟。

1995年5月，由于上交所再次爆发对“319”期货合约的逼空事件，证监会发布《关于暂停国债期货交易试点的紧急通知》，宣布我国尚不具备开展国债期货交易的基本条件，暂停国债期货试点。5月底，各国债期货交易场所组织的协议平仓结束，运行两年半的国债期货暂停，直至18年后的2013年才重新启动。

第三章

债券市场稳健发展

党的十四大明确提出的建立社会主义市场经济体制，是建设有中国特色社会主义理论的重要组成部分，对于我国现代化建设事业具有重大而深远的意义。十四届三中全会通过了《关于建立社会主义市场经济体制若干问题的决定》，提出发挥市场机制在资源配置中的基础性作用，培育和发展市场体系，积极稳妥地发展债券融资。在债券市场主管部门、各个中介服务组织和广大市场参与者的共同努力下，债券市场发展步入了快车道，市场成员不断增加，市场规模日益扩大，交易品种逐渐丰富，市场基础设施初步建立，市场监管和相关法规也日趋完善，银行间债券市场逐步发展成为我国债券市场的主体。

一、市场发展步入快车道

（一）债券市场规模和容量不断扩大

银行间债券市场托管品种广泛化，涵盖了国债、政策性金融债、企业债等。债券发行人范围已包括财政部、政策性银行、商业银行、非银行金融机构和企业等各类市场参与主体，债券种类日趋多样化，信用层次更加丰富。债券托管规模连年增长，截至2004年底，债券托管量超过4万亿元。随着债券市场规模的急剧扩张，我国债券市场的影响力不断扩大。

（二）债券市场参与主体多元化

1997年银行间市场机构投资者只有16家，商业银行占有绝大部分份额，投资者同质化现象比较严重。经过几年的发展，机构投资者的数量有显著增长。从1999年起，证券公司、基金公司和保险机构等多种类型的机构开始逐渐增多，商业银行所占份额逐渐下降。投资者类型的多元化进一步增加了市场的流动性。

（三）市场化水平不断提高

在市场机制方面，引入公开招标方式，建立了市场化发行方式，有效促进了债券市场资金融通效率与公平性的提高。在交易工具方面，质押式回购、买断式回购等交易工具相继问世，在满足市场参与主体多元化需求的同时，提升了市场的有效性。在市场建设方面，随着债券结算代理制度、做市商制度的推出和逐步完善，进一步增强了市场交易的活跃程度和提高了债券的流动性。

（四）市场基础设施建设起步

在基础设施建设方面，实现了债券无纸化和集中登记托管，促进了安全和效率的提高；实现了一级托管和代理结算模式，初步奠定了大国债市所必要的基础设施。债券市场的调节功能逐渐显现，银行间债券市场已成为我国政府进行宏观经济调控、实施稳健货币政策与财政政策的重要平台。债券市场价格信号的功能日益显现，收益率曲线逐步形成，中债收益率曲线成为金融机构市场风险管理计量参考基准以及债券投资会计财务核算的公允价值基准。

二、市场化水平不断提高

（一）一级市场发展概况

1. 政府债券

现代意义上的国债市场基本成形。我国国债市场在这一时期经历了前所未有的快速发展。从1996年开始，我国国债市场的发展全面走向市场化，国债发行方式实现了由承购包销向公开招标的过渡，不再通过国务院的行政指令来发行，初步建立了“基数承购、差额招标、竞争定价、余额分销”的市场化发行模式，充分提高了国债的发行效率，增加了市场的透明度；国债发行的频率也大大提高，按月均衡的滚动式发行，不但更好地使旧券的兑付和新债的发行衔接起来，赋予市场以稳定的预期，而且也提高了债务资金的使用效率，降低了发行成本；国债的品种也进一步多样化，在完成了国债载体无纸化记账式改革的条件下，财政部相继推出了贴现国债、附息国债等新品种；在期限上，推出3个月、6个月期的短期国债和7年、9年和10年期的长期国债，初步形成了合理的国债期限系列，既为投资者提供了多样化的可供选择的投资工具，也有利于财政部门调整债务结构、均衡债务负担、缓解偿债高峰压力，同时，也为中央银行的公开市场操作创造了适当的基础；基本实现了国债市场“发行市场化、品种多样化、券面无纸化、交易电脑化”的目标。这一阶段，我国债券市场的主体框架已基本确立，国债发行规模逐年增大（见表3-1）。债券市场实现了很多改进，这标志着我国债券市场与过去相比已有根本不同。

表3-1：1996—2004年国债发行规模、财政收入及GDP①

单位：亿元

年份	发行额	当年财政赤字	当年国债发行额占财政赤字比重（%）	当年财政收入	当年国债发行额占财政收入比重（%）	当年GDP	当年国债发行额占GDP比重（%）
1996	1847.77	529.56	348.93	7407.99	24.94	71176.6	2.60
1997	2411.79	582.42	414.10	8651.14	27.88	78973.0	3.05
1998	6383.6	922.23	692.19	9875.95	64.64	84402.3	7.56
1999	4015	1743.59	230.27	11444.08	35.08	89677.1	4.48
2000	4657	2491.27	186.93	13395.23	34.77	99214.6	4.69
2001	4883.53	2516.54	194.06	16386.04	29.80	109655.2	4.45
2002	5934.4	3149.51	188.42	18903.64	31.39	120332.7	4.93
2003	6283.4	2934.70	214.11	21715.25	28.94	135822.8	4.63
2004	6924.3	2090.42	331.24	26396.47	26.23	159878.3	4.33

国债品种日趋多样化。1996年一共发行了7种不同的国债，包括3个月期、6个月期、12个月期、3年期、5年期、7年期以及10年期国债，其中3个月期、7年期和10年期国债是新发行的基准国债。1998年和1999年，财政部增大了凭证式国债的发行规模，其中以中期国债所占比例最大。记账

① 数据来源：高坚《我国国债（修订本）》（1997），历年《我国统计年鉴》，历年《我国国债市场年报》，我国国债协会网站：http://www.ndac.org.cn 等。

式国债的发行转向银行间债券市场进行，这导致交易所市场可交易债券品种的进一步减少。由于在银行间债券市场较难发行长期国债，在得到国务院的批准后，1999年财政部再次回到交易所市场发行长期国债。1998—2001年，国务院收回了政府证券息票率的设定权。国债主要面向银行发行，市场导向的国债发行逐渐减少。2001—2003年，承销团制度在记账式、凭证式国债发行中全面引入。从2002年开始，财政部和人民银行推出记账式国债柜台交易试点工作，以进一步提高市场流动性。经过多年的努力，我国已基本实现了国债多样化目标，这样发行人就可以根据具体的融资需要来调整债务结构，以使债务的发行安排与资金需求保持一致。多样化的国债结构有助于吸引投资者，并进一步丰富了市场中介可以使用的金融工具种类。国债品种实现多样化后，债券市场就可以担当起资本市场的功能，从而能在一定程度上缓解财政部所面临的偿债压力。

地方政府债券开启国债转贷模式。1998年，为应对东南亚金融危机，我国启动了扩张性的财政政策，即通过国债资金来建设基础设施项目。由于《预算法》规定地方政府不得发行地方政府债券，为支持地方经济建设，1998年以后，中央财政将部分新增国债项目资金转贷给地方，用于国家确定的国债资金建设项目，由地方政府还本付息，不列入中央预算，也不作财政赤字处理。

2. 金融债券

金融债发行量逐年增加。自1997年银行间债券市场成立以来，国家开发银行与中国进出口银行率先开始在银行间市场进行市场化发债。1997年，政策性金融债的发行量达到银行间债券市场当年发行总量的70%。2004年，农业发展银行也进入银行间市场开始市场化发债。政策性金融债的绝对发行量呈现逐年上升的态势，2004年，政策性金融债券发行量近5000亿元。

创新不断，带动了银行间市场的发展。从1998年政策性金融债券进行市场化招标发行以来，在银行间债券市场不断推出创新产品。1999年，国家开发银行推出了第一笔10年期浮动利率债券，2000年推出了5年期固定利率金融债券，2001年先后发行了7年期、10年期、20年期和30年期的固定利率债券。此外，政策性银行先后“第一次”在银行间市场推出了3个月和6个月短期债券、浮动利率债券、长期和超长期固定利率债券、对称债券①、投资人选择权债券、发行人普通选择权债券、本息分离债券、远期利率债券、可互换债券、含有掉期选择权的债券、以七天回购利率和SHIBOR利率为基准的浮动债等产品，债券品种和期限结构也日趋多样化。并首次采用增发方式、滚动发行等创新的发行方式对债券进行定价。这些创新品种与发行方式的创新，不仅为市场提供了不同产品，而且丰富了投资人的选择，为银行间债券市场发展注入了活力。

3. 企业债券

1996年起，企业债有了恢复性发展。1996—1998年分别安排企业债发行规模250亿元、300亿元、380亿元，重点安排了一批国家重点建设项目，如铁道、电力、石化、石油、三峡工程等。1996年及1997年，沪、深交易所分别出台相关规则，允许面值在1亿元以上的债券在交易所挂牌交易。

2000年起，企业债券的额度实行国务院特批制度。由国家计委接受各省市和部门申报后集中审核，报送国务院批准。在分工上，国家发展和改革委员会（以下简称“发展改革委”或“发改委”）成为企业债券的主管部门，负责企业债券额度的申报和债券发行的审核；人民银行负责企业债券的票面利率审核，证监会负责企业债券的承销机构资质审核。这一阶段企

① 对称债券，是指同时发行两只相同期限、相同数量固定利率债券和浮动利率债券。

业债券规模逐步复苏，2000—2002年企业债券发行分别为83亿元、222亿元、325亿元（见表3–2）。

2000年，交易所加大了企业债工作力度，修订了《企业债券上市规则》，2002年上交所降低了企业债佣金率并推出了企业债回购品种，2003年深交所跟进，流动性进一步增强。企业债自2001年在中央国债登记结算公司集中登记托管后，也进入银行间债券市场。

表3-2：1996年—2004年各债券发行量[①]

单位：亿元

年份	国债	金融债	企业债
1996年	1848	1070	269
1997年	2412	1464	255
1998年	6384	1950	148
1999年	4015	1800	158
2000年	4657	1645	83
2001年	4884	2590	222
2002年	5934	3075	325
2003年	6280	4561	358
2004年	6923.90	4148	327

（二）一级市场发展机制

1. 构建市场化发行机制

在这一阶段发行方式引入公开招标方式。1996年，公开招标拍卖在国债市场得到全面实施，其中折价债券使用价格拍卖法，附息债券

① 数据来源：《中国金融年鉴》，《中国证券期货统计年鉴》。

使用收益率拍卖法。对于利率和期限都固定的不记名债券，财政部采用结算日拍卖法。此外，为使国债供给和需求保持一致，财政部既使用多重价格拍卖方式，也采用单一价格拍卖。这些灵活且多样化的国债发行方法符合我国当前的市场结构状况，也与我国国债市场目前的发展水平相一致。

随着各种拍卖方法的成功实施，债券发行机制也完全市场化。在1996年，公开招标发行中就用到了多种销售技巧，比如设定基本承销额，设定最高、最低投标量和投标价格区间，以及从差额招标（余额分销）过渡到不设强制性配额和投标区间限制的全额招标方式。为与我国市场的实际情况保持一致，在借鉴国际上通用的密封报价、按投标价由高到低依次募入这一招标方式的基础上，采用了具有我国特色的二次加权，并在多重价格拍卖中采用了可变出价间距。

金融债券也采用市场化方式发行。1998年9月，国家开发银行率先通过银行间债券发行系统，采用公开招标方式首次市场化发行了50亿元一年期固定利率债券，投标量达到3.73倍，迈出了政策性金融债市场化发行的第一步。在招标方式上，国家开发银行陆续创新推出了美国式和荷兰式招标方式；在价位设计上，坚持不设利率上下限制。继国家开发银行之后，中国进出口银行在1998年下半年开始尝试以利率招标方式发行金融债券，1999年市场化发债140亿元，占资金来源的82%；2000年发行债券195亿元，全部采用市场化方式发行。至此，金融债券的发行完全实现了市场化。

债券市场化发行机制的建立，有效促进了中国债券市场的发展，更为共同维护发展中的债券市场注入了新理念。通过市场化发债，使投资人与融资人双方可以在更加公开、透明的市场环境下，对不同品种债券进行定价，促进了银行间债券市场资金融通效率与公平性的提高。

2. 从零售市场转向批发市场

从零售市场转向批发市场显著提高了债券的发行效率。以国债为例，在1994年和1995年期间，零售市场发行量占国债发行总量的2/3，但1996年，零售市场规模只占整个国债市场的1/7。1996年，通过零售市场出售给个人投资者的国债数量下降，与此同时，通过一级自营商出售给机构投资者的国债数量在当年国债发行总量中所占的比例有明显上升。此外，在国债发行主要面向批发市场之后，国债发行期从原来的2—6个月减至1.5天，结算日和发行日之间的时间间距也从原来的两个月减至10—20天。

3. 完善承销团制度，强化成员义务

1999年，保险公司、证券投资基金和部分证券公司陆续获准进入银行间债券市场参与债券承销和承购，拓宽了市场参与者范围，为建立债券承销团创造了条件。2000年，银行间债券市场承销团制度得以建立。2002年相继组建了凭证式国债承销团和交易所市场国债承销团，并实现了全年所有国债通过承销团发行，从根本上保障了债券承销队伍的稳定和承销行为的规范。2003年，承销团制度进一步完善，不同承销团成员的义务得到区分。随着债券承销团对外开放度较高，2004年首次引入外资机构参与债券一级市场，有3家外资银行加入记账式国债承销团。

（三）稳步探索对外开放

市场对外开放程度不断提高。这一阶段，银行间债券市场与交易所债券市场同步发展。一方面，银行间债券市场逐步开放。2000年，经营人民币业务的外国银行分行进入银行间债券市场。另一方面，交易所市场的QFII制度不断深化。2001年，我国债券市场中的机构投资者远低于境外成熟市场，严重制约了我国债券市场功能的发挥，引入QFII制度相当迫

切。在这种情况下，2002年，深圳交易所举办了“引进合格的境外机构投资者座谈会”，这次会议解决了许多QFII的技术问题，对中国引入QFII机制具有重要意义。2002年11月4日，证监会、外经贸部、财政部联合发出通知，外资可以受让上市公司法人股，此举当时被认为在为QFII推出作准备。2002年11月6日，经国务院批准，证监会和人民银行共同颁布《合格境外机构投资者境内证券投资管理暂行办法》，并于12月1日开始实施QFII试点，引入QFII投资于中国资本市场，交易所市场合格境外机构投资者（QFII）制度正式建立。QFII制度的实施标志着我国资本项目对外开放迈出了新的步伐。QFII是有限度地引进外资、开放国内资本市场的一项过渡性制度，一定程度上提高了交易所国债市场对外开放程度。

三、二级市场活跃度增加

（一）多层次市场架构逐步形成

90年代中期，国债市场的投机气氛较浓，违规行为频发，特别是国债期货市场发生了“国债327”事件，更是凸显了规范和维护国债市场秩序的重要性和紧迫性。在此背景下，1996年，财政部和人民银行批准在原我国证券交易系统有限公司的基础上，改组设立了中央国债登记结算有限责任公司（以下简称“中央结算公司”），并由人民银行清理证券回购业务。

1997年，我国股票市场发展出现较多泡沫，许多资金疯狂涌入股市。商业银行也通过在交易所债券市场的回购交易，向证券公司融出了大量炒股所需要的资金，使股市泡沫进一步放大。为此，国务院决定商业银行退出证券交易所。当年，人民银行相继发布《关于各商业银行停止在证券交易所证券回购和现券交易的通知》和《关于开办银行间国债现券交易的通知》，要求商业银行撤出交易所，停止在交易所证券交易；建立银行间债券市场，商业银行办理国债现券交易的债券托管与结算，统一通过中央国债登记结算公司进行。银行间债券市场的建立对于整个债券市场的发展具有重大影响。此后，银行间市场逐步发展成为国债发行和交易的最大场所，形成了银行间债券市场为主、交易所债券市场为辅的市场格局。

2002年，为方便个人投资者买卖记账式国债，人民银行、财政部联合发布《商业银行柜台记账式国债交易管理办法》，启动国债柜台交易试点工作，建立记账式国债商业银行柜台市场。尽管所占比重不大，但它拓宽了商业银行的交易渠道，使银行间债券市场得以对外延伸，增强了银行间债券市场的活力。至此，以银行间国债市场为主、交易所国债市场和国债柜台市场为辅的国债二级市场格局基本形成。其中，银行间市场的国债托管量和交易量占全市场的90%以上，参与者是各类机构投资者，采用一对一询价交易。商业银行柜台市场是银行间市场的延伸，是场外零售市场，其参与者主要是中小企业投资者和个人投资者，由承办银行进行双边报价。交易所市场是场内零售市场，其参与者包括机构和个人等社会投资者，采用竞价撮合交易。

（二）市场交易工具逐步发展

1997年银行间债券市场成立后，陆续推出了质押式回购、买断式回购等交易工具。从各个交易工具的交易量来看，这一阶段，我国债券市场交易主要集中于现货交易和质押式回购交易。

1. 现券交易

最初，我国债券市场的现券交易并不十分活跃。随着市场的发展，债券市场现券交易出现快速增长。以银行间债券市场为例，2003年全年现券交易量为整个市场托管量的85.41%，若扣除不流通债券，换手率有89.27%。我国现券交易主体主要是商业银行，基金公司、证券公司和保险公司占比较小。

2. 债券回购

1996年，随着股票市场逐步活跃，交易所债券回购市场随股市出现超常增长。一些证券公司和机构投资者通过债券回购从商业银行获得大量资金后，转而投资股市，交易所国债回购成为银行资金流入股市的重要渠道。1997年，为防止信贷资金进入股市，在国务院的统一部署下，人民银行发布通知，要求商业银行全部退出证券交易所市场。同年6月，银行间债券市场成立，推出了银行间债券市场债券回购制度。

一是交易所债券回购经历数次变革。

交易所债券回购包括质押式回购和买断式回购两类。交易所买断式回购于2004年11月推出，上海市证券交易所在2004年成交了1000亿元的买断式回购业务。

交易所质押式回购制度经历了几次大的改革。2001年，随着股票市场逐渐步入熊市，证券机构资金短缺，部分机构开始利用证券交易所债券回购制度的漏洞，挪用客户债券进行融资。2003年以来，交易所回购风险开始集中暴露，多家证券公司因为违规回购而倒闭。据有关部门不完全统计，交易所债券市场中被挪用的客户债券金额近1000亿元。2003年8月，银监会经过对交易所债券市场系统性风险的认真研究，认为农信社在交易所回购风险很大，决定对农信社的债券投资进行整顿和调整，与人民银行联合发布《关于进一步加强农村信用社债券投资监管工作的通知》（银监办通〔2003〕35号），要求农信社退出交易所债券市场，通过银行间债券市场开展现券和回购交易。

二是银行间市场债券回购成为债券回购市场主体。

1997年，在银行间债券市场刚推出债券回购时，由于当时银行间债券市场现券交易不活跃，而且存在大量以计划方式发行的债券，无法进行现券买卖，为避免因某一交易者出现交割困难引起市场连锁反应，回购采用了质押的方式，即债券在回购期间冻结在资金融入方账户。

自银行间债券市场质押式回购推出以来，交易量增长迅速，涉及的券种也日渐丰富，包括国债、政策性金融债、人民银行票据、金融债券等银行间债券市场流通的所有券种。参与主体主要是商业银行、信用社、非银行金融机构、证券公司、保险公司、基金公司，以及非金融机构。在多数情况下，全国性商业银行是资金净融出方，其他商业银行、信用社、证券公司、保险公司、基金等均为资金净融入方。

从回购交易量来看，我国债券回购交易量从1997年的1.2万亿迅速增长到2004年的14.63万亿，是1997年交易量的12倍。其中，银行间债券市场的债券回购交易量从307亿元增加到9.97万亿元，占国内回购总交易的比例从2.5%上升到68.1%，同期，交易所债券回购交易量占国内回购总交易量的比重从1997年的97.5%下降到2004年的31.87%。此时，银行间债券市场的债券回购已经逐渐成为我国债券回购市场的主体（见表3-3）。

银行间债券市场债券回购成为债券回购市场的主体有其必然性。从本质上说，回购的属性和功能决定了其更加适合在场外以报价驱动的方式进行，而银行间债券市场作为我国的场外市场，拥有可以满足各类机构投资者需求的交易、托管、结算和信息平台；同时，银行间债券市场在《债券交易管理办法》《回购主协议》等规范性文件的基础上建立了监管、自律和市场监管相结合的法规制度体系，有效遏制了市场参与者的各种违规和违约倾向，保证了回购市场在低交易成本和低风险的环境下平稳运行。随着投资者对债券回购特征认识的深入以及对银行间市场了解的增加，场外回购自然成为机构投资者进行流动性管理优先选择的交易工具。

表3-3：1996年—2004年债券市场回购交易量[①]

单位：亿元

年份	银行间市场		交易所市场	
	规模	占比	规模	占比
1997年	307	2.49%	12029	97.51%
1998年	1021	6.28%	15231	93.72%
1999年	3949	24.46%	12195	75.54%
2000年	15782	53.38%	13784	46.62%
2001年	40133	71.72%	15822	28.28%
2002年	101885	79.16%	26820	20.84%
2003年	117203	67.72%	55856	32.28%
2004年	99653	68.13%	46606	31.87%

（三）市场参与主体逐步多元化

1997年，银行间市场机构投资者只有16家商业银行，即工商银行、农业银行、中国银行、建设银行等四家国有商业银行；交通银行、中信银行、光大银行、华夏银行、招商银行、深圳发展银行、广东发展银行、浦东发展银行、兴业银行等12家全国性股份制商业银行。尽管从数量上看，这些商业银行不到全部商业银行的1/4，但其资产占全国商业银行总资产的比例却在3/4以上。1997年6月以后，那些未入市的商业银行逐步进入银行间市场。到2000年底，绝大多数商业银行都进入了银行间市场。在商业银行大量进入银行间债券市场后，其他的金融机构和工商企业也纷纷申请进入银行间债券市场。

随着市场的发展，其他类型机构投资者也陆续进入，银行间债券市

① 数据来源：中国债券信息网、证监会。

场的参与者远远超出了银行的范畴（见表3-4）。最先突破银行范围的是基金公司和证券公司。1999年8月，人民银行发布了《基金管理公司进入银行间同业市场管理规定》和《证券公司进入银行间同业市场管理规定》，允许符合条件的基金管理公司和证券公司进入银行间债券市场。2000年6月，人民银行又发布《财务公司进入全国银行间同业拆借市场和债券市场管理规定》，财务公司也被允许进入银行间债券市场。而在同年5月发布的《全国银行间债券市场交易管理规定》中，把市场参与者规定为三类：一类是商业银行，一类是非银行金融机构和非金融机构，一类是外国银行在华的分行。这样，实际上已经把银行间债券市场参与者的种类扩大到金融机构和非金融的法人机构。从1999年开始，各类非银行金融机构和非金融的工商企业大量从交易所市场进入银行间债券市场。2004年，银行间债券市场参与者种类的增加有了新的特点，就是一批非法人机构投资者逐渐进入银行间债券市场。投资者类型的多元化进一步增加了市场的流动性。

表3-4：银行间市场按投资者分类的国债持有比例

单位：%

年度	商业银行	保险机构	证券公司	基金	其他
1998	85.26	1.41	0	0	13.33
1999	87.76	3.63	0.04	0.15	8.42
2000	85.09	2.95	0.08	3.41	8.47
2001	83.45	3.11	0.20	2.99	10.25
2002	68.69	2.73	0.15	2.18	26.25
2003	60.60	2.35	0.20	2.74	34.11
2004	60.08	4.83	0.07	2.15	32.87

（四）二级市场发展机制逐步建立

1. 建立市场化定价机制

为提高市场流动性，银行间债券市场于2001年开始实施做市商制度。做市商制度在引导市场理性报价、活跃市场交易等方面发挥了重要的作用，促进了银行间债券市场流动性的提高，做市商双边报价已成为市场定价的重要参照。

2000年4月30日，人民银行发布了《全国银行间债券市场债券交易管理办法》，其中第十二条首次提出了“双边报价商”的概念，并明确了金融机构经批准可开展债券双边报价业务。根据这一精神，人民银行于2001年4月6日发布了《中国人民银行关于规范和支持银行间债券市场双边报价业务有关问题的通知》，在通知中详细规定了申请成为全国银行间债券市场双边报价商的必要条件。8月，人民银行批准9家商业银行为双边报价商，构建了初步意义上的债券做市商制度。

2. 编制债券收益率曲线

债券收益率曲线是银行间债券市场产品创新、发行方式创新、结构化产品创新，乃至二级市场交易的基石，是一个成熟债券市场最基础的设施。基于对债券市场基本规律的深入认识，中央国债登记结算有限责任公司1999年编制发布了国内第一条人民币国债收益率曲线；在此基础上，2003年开始编制中国债券指数和系列债券收益率曲线；此后，陆续构建成一整套反映人民币债券市场状况的中债价格指标体系。中央国债登记结算有限责任公司在国内开辟了金融资产第三方估值市场，在全球树立了由中央托管机构提供第三方估值的范例。

3. 创新启动净价交易机制

债券收益率曲线编制的需要客观上也推动了市场制度的完善。2001年7月开始，在全国银行间债券市场首次推出了债券净价交易方式。2002年，上海和深圳证券交易所也试行国债净价交易。2003年，国债净价交易全面推行，提高了国债市场整体的流动性。

净价交易是指在现券买卖时，以不含有自然增长应计利息的价格报价并成交的交易方式。采用净价交易方式有突出优势，一是符合国际惯例，使债券价格能够更加准确地反映债券的内在价值和供求关系的变化，据此产生的收益率曲线和指数可以更好地刻画市场利率的变动趋势；二是抑制利息支付时的价格缺口，有利于价格波动的连续性和稳定性，为债券衍生品的推出创造条件。

4. 建立跨市场转托管机制

2002年6月，商业银行国债柜台交易市场开放，实现了报价驱动市场中批发与零售交易的衔接。个人投资者可以通过商业银行柜台买卖记账式国债。国债柜台市场由四大国有银行作为报价商在柜台与投资者进行债券交易。

2002年，跨银行间和交易所市场发行了记账式15期国债，这为国债市场未来的统一进行了一次有益的尝试。2003年，《跨市场国债转托管管理办法》发布并实施，财政部继续跨市场发行七年期基准国债。2004年，跨市场发行的国债品种扩展为五年期、三年期和一年期等，且都设计为可以进行柜台交易。市场投资者猛增，交易量呈现稳步增长趋势，继续为加速国债市场统一创造条件。2004年以后，财政部国债承销团统一成一个，所有记账式国债均同时在银行间和交易所两市场发行和上市流通，实现了国债市场的统一。在财政部推动下，国债跨市场转托管机制得以建立，跨市场国债品种的跨市场交易基本实现。

四、法律体系逐步健全

银行间债券市场自1997年建立以来，运行稳健，快速发展，市场规模急剧扩大，发行主体和参与主体的结构呈现多样化。随着大量债券进入市场交易流通，为了高效、准确、科学地完成这项基础性工作，监管部门出台了系列法规办法，保证债券交易流通的安全高效运行。

（一）首部涉及债券市场的法律

中国首部与证券相关的法律是1998年11月29日九届全国人大第六次代表大会批准的《中华人民共和国证券法》，于1999年1月1日起生效。这部有"资本市场基本法"之称的法律，改变了之前我国证券市场"无法有天"的状况。《证券法》主要作用在于监管股票市场，同时也监管二级债券市场。《证券法》第二条规定，在中国境内，股票、公司债券和国务院依法认定的其他证券的发行和交易，适用本法。但是除非另有规定外，债券交易同时还受到其他法律和行政条例（包括与债券一级市场相关的法律规章）的限制。《证券法》的通过，对规范债券的发行和交易、保障投资人合法权益起到了重要作用。

（二）债券交易流通的管理办法和规则

2000年4月，人民银行颁布了《全国银行间债券市场债券交易管理办法》（人民银行令〔2000〕第2号），该《办法》规定：在全国银行间债券市场上市交易的债券，需经人民银行批准。

2003年3月，为了适应市场的发展，减少行政审批程序，提高效率，增加透明度，人民银行发布了《人民银行关于全国银行间债券市场债券上市交易的通知》（银发〔2003〕71号），《通知》规定：对于在全国银行间债券市场发行的国债、国家开发银行金融债券和中国进出口银行金融债券，人民银行不再逐期审批其在全国银行间债券市场上市交易。在全国银行间债券市场发行的债券，发行后可上市交易，但人民银行决定不在银行间债券市场上市交易的债券除外。人民银行授权中央结算公司和全国银行间同业拆借中心对外公布每期债券的上市日期。债券的上市日期为当期发行债券的债权债务登记日后的第三个工作日。债权债务登记日是指中央结算公司在债券发行结束后，为发行人和认购人办理债权和债务登记，确立债权债务关系的日期。

2004年1月，为提高债券交易效率，对一年期以内的短期债券做了调整，发布了《人民银行关于银行间债券上市交易有关事项的通知》（银发〔2004〕11号），《通知》规定：在银行间债券市场发行的、可交易且期限在366天（含）以下的债券，于当期债券债权债务登记日的次一工作日即可上市交易。在银行间债券市场发行的、可交易且期限在366天以上的债券，上市交易时间仍按《人民银行关于全国银行间债券市场债券上市交易的通知》（银发〔2003〕71号）的规定办理。

2004年10月，针对证券公司的短期融资券，人民银行颁布了《证券公司短期融资券管理办法》（人民银行公告〔2004〕第12号），《办法》规定：证券公司短期融资券于债权债务登记日的次一工作日即可流通转让。在其后获批发行的企业短期融资券也比照上述规定进行交易流通的安排。

2004年12月，为进一步规范交易流通的审核，维护投资者的合法权益，人民银行再次发布了《全国银行间债券市场交易流通审核细则》，规则中对各类债券的交易流通均作了明确的规定。

（三）债券交易流通的操作规则及细则

1999年7月，为规范银行间债券交易结算行为，维护当事人的合法权益，根据人民银行《银行间债券回购业务暂行规定》《关于各商业银行停止在证券交易所证券回购及现券交易的通知》《关于开办银行间债券现券交易的通知》和《关于农村信用社资金融通若干问题的通知》等有关规定，中央国债登记结算有限责任公司制定了《银行间债券交易结算规则（修订稿）》。规则明确：中央国债登记结算有限责任公司根据人民银行的通知，向全国银行间同业拆借中心及时发送关于交易券种的券名、代码、挂牌日、摘牌日和交易的起止日期的正式函件，并通过中国债券信息网向结算成员公告。

（四）同业拆借中心关于债券交易流通的规则

2003年4月，为规范银行间债券交易行为，维护当事人的合法权益，同业拆借中心制定了《银行间债券交易规则（试行）》，其中明确了拆借中心根据中央结算公司提供的交易券种要素公告交易券种的挂牌日、摘牌日和交易的起止日期。

五、市场基础设施建设起步

（一）我国债券市场登记托管制度的演变

在20世纪90年代前，债券发行主要是采取实物债券的形式，由于债券不能流通，这些实物债券基本由投资者自行分散保管。此时，债券市场的登记托管体系总体来说并不规范，市场效率也不高。跨交易场所的债券交易几乎不可能，交易双方并不承认对方托管机构所开具的托管凭证。由于缺乏规范，一些柜台交易中心的登记托管业务相当混乱，出现了开具空头代保管凭证的欺诈行为，而证券公司等经纪商甚至出现无偿挪用客户托管债券的情况，产生了一系列问题，出现了很多风险。

为了改变国债登记托管领域分散混乱的局面，1996年12月，财政部和人民银行批准在原中国证券交易系统有限公司的基础上，改组设立了中央国债登记结算有限责任公司，负责建设和运营统一集中的国债托管结算系统。1997年，财政部发布了《中华人民共和国国债托管管理暂行办法》，明确规定："国债托管实行全国集中、统一管理的体制，财政部授权中央国债登记结算有限责任公司依本办法按照不以营利为目的的原则主持建立和运营全国国债托管系统。”随着1997年银行间债券市场的成立，中央结算公司作为该市场的法定后台，负责该市场所有种类债券交易的托管结算事宜。中国债券市场也由最初的分散托管逐步演变为相对统一的登记托管体系。但是，中央结算公司的成立，并不意味着中国债券市场实现了完全统一托管，两个交易所所属的上海证券登记结算公司和深圳证券登记结算公司仍然实质承担了除国债以外的债券托管业务。对于交易所这部分的国债，中央结算公司是总托管人，投资者在交易所交易国债，仍然由证券交易所所属的登记托管公司负责具体的托管（也称“分托管”）。2001年，上海和深圳证券交易所各自的登记托管公司合并为中国证券登记结算公司，该公司成为对境内证券交易所提供证券托管结算服务的唯一后台系统。

中央结算公司的成立，标志着中国债券市场发展的一次重要飞跃，将中国债市基础设施发展推向高潮，取得了显著成绩。到2003年银行间债券市场确立主导地位时，中央结算公司在主管部门的领导和支持下，履行国家金融基础设施职责，为中国债券市场发展做出了基础性和开创性贡献。

一是开启了中国债券无纸化时代，并加速实现了完全无纸化。为构建现代证券市场形态、提高市场安全和效率，奠定了良好的基础。中央结算公司成立后，一方面建立实物券托管账户体系，统一组织和协调全国实物国债托管业务，收拢了全国47处保管库（包括上海和深圳两地证券交易所实物国债保管库）的实物国债资产，一方面加快推进无纸化进程，1998年开始支持企业债记账式发行，1999年开始支持记账式国债在银行间债券市场发行。2001年，实物国债库房管理业务圆满结束，实物国债成为历史。2003年，企业债券托管凭证取消，企业债券托管实现电子化。这样，中国债券市场完全无纸化的任务即将完成，走完了国外市场上百年尚未实现的历程，在全球居领先行列。

二是形成了集中统一的中央登记托管体系。中央结算公司结束了实物券分散托管的历史，在国内首次实现了债券中央登记托管机制。1997年，根据《中华人民共和国国债托管暂行办法》，财政部授权中央结算公司主持建立和运营全国国债托管系统。中央结算公司又被人民银行指定为新生的银行间债券市场的托管和结算机构，承担银行间债券市场统一托管的职能。1998年，中央结算公司开始行使企业债总托管人职能，开始提供中央企业债及其他一些企业债的托管服务。中央结算公司在借鉴国际经验和充分论证的基础上，建立了符合我国国情、透明高效的一级托管模式。

三是创建了支持报价驱动交易的安全便捷的结算模式。一级托管安排结合结算代理机制，提高了投资便利性，有效支持了机构投资者的直接参与和投资者群体的扩大。“一级托管+代理结算”成为银行间债券市场的标配和基础性制度。在此基础上，中央结算公司构建了适合机构参与的批发市场服务模式以及适应散户参与的柜台服务模式，并设置了风险控制机制，有力地支持了银行间债券市场迅速崛起成为我国债券主体市场。

（二）债券中央托管体系建立

中央结算公司成立，改变了分散托管的面貌，承担起债券市场中央托管机构（CSD）的职能，由此中国债券市场进入了一个新的发展阶段。与债券市场体系相对应，构建了我国债券分级托管体系。

其中，银行间市场实质是报价驱动的场外市场，实行一级托管机制，即银行间市场的机构投资者在中央结算公司直接开立证券托管账户，中央结算公司托管账户的成员主要包括企事业单位社会团体、信用社、非银行金融机构、银行等。

交易所债券市场是集合竞价撮合的场内市场模式，实行二级托管体制。即由中国证券登记结算公司在中央结算公司开立名义托管账户，交易所投资者（除商业银行外的机构和个人）在中国证券登记结算公司开立托管账户。中国证券登记结算公司承担在交易所交易债券的登记、托管职责，并承担和管理相应的风险。

银行柜台市场（由四大商业银行试点，面向个人投资者推出的记账式国债柜台交易市场）也实现二级托管体制。即债券在中央结算公司总托管，柜台交易债券部分在各银行分托管，开展债券柜台业务的银行承担在柜台市场交易债券的登记、托管职责。与交易所债券市场不同的是，每日日终，商业银行必须将柜台交易数据传输给中央结算公司，由中央结算公司据此记载商业银行自营账户和代理账户的变化，同时向个人投资者提供语言查询系统服务，以控制风险。

在这一阶段，托管债券均为簿记形式，也可以应要求提供实物券集中托管。托管债券的品种主要包括国债、政策性金融债、人民银行票据、企业债等。

（三）结算方式创新发展

1.银行间市场（场外市场）

银行间市场实行双边谈判成交、逐笔总额结算，适用于大额交易。银行间市场结算周期为T+0或T+1。

银行间市场中，债券交割和资金清算分离。中央结算公司掌握投资人的债券账户，并负责相应的实施簿记划付。资金清算由投资者通过人民银行资金支付系统或开户银行进行。这一阶段的结算方式包括：纯券过户（FOP）、见券付款（PAD）、见款付券（DAP）。2004年，银行类金融机构实现了实时券款对付（DVP）。

在银行间债券市场，中央结算公司不充当交易结算的中央对手方。

2.交易所市场

交易所实行自动撮合交易、净额结算，适用于小额交易。交易当日闭市后，通知净额水平并作股票过户，资金支付由结算银行在T+1完成。

交易所方面，投资者在中国证券登记结算公司开立证券登记账户。机构投资者可以直接开立，个人通过代理机构开立。

投资者的资金账户有两类：一类开在证券公司，此时，投资者资金集中存放在以证券公司名义开立的银行账户上，这种账户未按投资者进行隔离账户的管理，资金收付由证券公司设账管理。另一类则在制定银行直接开立资金账户，以投资者本身名义持有。在这一阶段，中国证券登记计算公司可以辨别投资者的证券和资金账户，券款对付部分实现，实时的券款对付并未实现。

在交易所市场，中国证券登记结算公司实质上充当中央对手方，但在法律方面没有明确的规定。中国证券登记结算公司设有结算风险基金和结算担保金。

专栏二：金融基础设施发展与国家金融战略

中央结算公司成立于1996年。此前，中国债券市场伴随着改革开放的步伐，经历了十五年的发展演进，逐渐活跃壮大，创新发展不断跨越新台阶，但也面临着市场分散无序、风险事件层出、运行管理成本高昂的困境，难以支撑起稳定成长、服务国家金融战略的需要。集中统一的债券中央托管机构，就是为了中国债券市场统一安全高效的需要而生的。中央结算公司自成立之日起，在主管部门的领导和支持下，履行国家金融基础设施职责，以服务市场、服务监管为宗旨，参与了全国银行间债券市场培育建设的全过程，为中国债券市场发展做出了一系列基础性与开创性贡献。

一是开启了中国债券无纸化时代，形成了集中统一的登记托管体系。公司在国内率先推出了债券无纸化中央登记托管体制，结束了我国有纸债券分散托管的历史，并建立了符合我国国情、透明高效的一级托管模式，在大幅提高市场效率的同时也大幅降低了发行和交易成本与风险，为债券市场的高速和规范发展奠定了坚实基础。

二是创建了支持报价驱动交易的安全便捷的结算模式。公司自主构建了适合机构参与的批发市场服务模式，以及适应散户参与的柜台服务模式，并设置了风险防控机制。这套模式有力支持了银行间债券市场迅速崛起成为我国债券主体市场。

三是开创了债券远程招标发行先河，确立了债券全生命周期的服务体系。公司在国内率先建成并应用债券远程招标发行系统，配合实现了债券发行的市场化与规范化。自主建成的中央债券综合业务系统，提供债券全生命周期的完整配套服务，实现了中国债券市场基础设施的现代化。

四是建立了国内首个券款对付（DVP）结算机制。2004年，在人民银行推动下，公司的中央债券综合业务系统与人民银行大额支付系统联网运行，建成使用人民银行货币的全额实时DVP结算机制，并通过债券自动质押融资等机制为支付系统的稳定运行提供了有力保障。这是中国金融基础设施达到国际先进水平的主要标志之一。

五是编制了人民币债券收益率曲线。公司编制发布了全球第一条人民币国债收益率曲线，并陆续构建成一整套反映人民币债券市场状况的中债价格指标体系。在国内开辟了金融资产第三方估值市场，在全球首创由中央托管机构提供第三方估值的范例，并直接顺延为各债券组合计算个性化指标，受到国内外的普遍认可。

债券市场的发展成果凝聚了各相关方面的心血与努力，中央结算公司作为国家金融基础设施的核心构成，以承接国家金融战略需要为使命，精耕细作、开拓创新，持续、精准、协同发力，打造形成了八大核心服务平台。

一是中国债券市场核心运行平台。公司为中国债券市场提供包括发行、登记托管、交易结算、付息兑付、估值、担保品管理、信息披露等在内的全生命周期服务，所服务债券涵盖几乎全部主权级和准主权级债券，是支持中国债市安全平稳运行的中枢。

二是国家宏观调控的政策实施平台。财政政策方面，公司累计为47.6万亿元的国债和地方债提供全周期服务，支持中央及地方国库现金管理操作超过13.4万亿元。货币政策方面，公司为人民银行公开市场操作提供业务和技术支持，累计支持办理交易结算超过170万亿元。

三是国家直接融资的服务平台。2018年，公司支持债券直接融资约13万亿，占直接融资比重超过40%，是国内最大的直接融资服务平台。公司近5年累计支持发行各类债券57万亿元，融资资金投向涵盖重大基础设施建设、生态环保、三农、民生、扶贫等方面，为供给侧结构性改革和经济转型升级提供精准融资支持。

四是金融市场的基准定价平台。财政部、人民银行和银保监会官方网站每日发布公司编制的中国国债收益率曲线，中债价格指标每日发布各类曲线1300余条，估值约6万条，指数1200余只，非标产品条数约9.5万个，实现对债券市场全覆盖。中债3个月期国债收益率被纳入国际货币基金组织（IMF）特别提款权（SDR）利率篮子，成为国际认可的人民币全球定价基准。

五是金融市场的风险管理平台。公司担保品管理系统管理的债券担保品余额约14万亿元，是全球最大的债券担保品管理平台，日益成为金融市场流动性中枢和风险管理中枢。公司始终有效履行一线统计监测职能，为防止发生金融风险提供依据。

六是债券市场的创新研发平台。公司积极打造中债智库，承担了多项世界银行、亚洲开发银行的项目咨询工作，定期发布的债券市场年报、理财市场年报受到各界广泛关注。公司主办的《债券》杂志是国内唯一的权威债券专业期刊，中国债券信息网是我国最权威、影响力最大的债券类综合门户网站。

七是多元化金融市场的服务平台。公司陆续为信贷流转、信托产品、理财产品提供登记等基础性服务，组建银行业信贷资产登记流转中心、银行业理财登记托管中心、中国信托登记有限责任公司等相关机构，登记各类金融产品总量超过120万亿元。

八是债券市场的对外开放平台。公司为境外机构进入中国债券市场提供直接入市的“全球通”模式和间接入市的香港“债券通”模式。截至2018年末，公司服务的境外机构托管债券余额1.5万亿元。公司与全球信息商IHS Markit合作推出指数，在卢森堡交易所发布中债绿色系列指数。

按照国家“十三五”规划部署，我国金融改革将着力于建设现代金融体系，充分发挥金融市场在优化金融资源配置中的重要作用。围绕这一目标，金融基础设施将发挥关键性支持作用。中央结算公司深入贯彻党的十八大和三中、四中、五中全会精神及国家“十三五”规划要求，在研判发展境况与自身资源条件的基础上，遵循金融基础设施原则并借鉴国内外同业实践制定了2016—2020年战略规划。公司将“建设成为安全高效、开放透明的国际主要金融市场基础设施服务机构”确立为公司发展目标。充分把握国家战略机遇，承接利率市场化、人民币国际化、金融业双向开放、“一带一路”建设、加强金融基础设施建设等国家金融战略需求，应时而动，顺势而为。不断强化和拓展中央托管结算体系，巩固并发展核心基础优势，以此为依托，立足金融基础设施职责定位，顺应国家发展新理念和市场发展新需要，持续开发和深化创新业务，推进“两个转型”，即实现由单一的债券登记托管向全方位的金融资产登记托管转型，由单一对接债券市场向对接多个金融市场转型，落实“多元化、集团化、国际化”的发展要求，努力在中国金融市场的未来建设与发展事业中持续做出新的贡献。

六、监管体制逐步完善

（一）市场监管体制

1997年，股票市场过热，大量资金通过各种渠道流入股票市场。针对这一情况，根据国务院统一部署，1997年6月，人民银行发布了《关于各商业银行停止在证券交易所回购及现券交易的通知》，该《通知》要求，各国有商业银行、其他商业银行、城市合作银行必须按照人民银行规定的时间，停止在证券交易所的证券回购和现券交易；商业银行的证券回购业务按照人民银行的规定，在全国统一的同业拆借网络中办理，交易成员必须通过人民银行的批准。1997年6月，人民银行发布《关于开办银行间国债现券交易的通知》，《通知》规定，自1997年6月16日起，全国银行间同业拆借中心开办国债现券交易业务，交易成员必须经过人民银行的批准。银行间债券市场正式成立，人民银行成了银行间债券市场的监督管理部门。2003年颁布的《人民银行法》明确，银行间债券市场由人民银行监管。

这一阶段，债券发行管理体制也发生了较大的变化。1999年，人民银行向国务院报送了《关于企业债券改由国家计委审批的请示》，建议由国家计委统一负责下达企业债券发行总规模和审批企业债券发行，但金融债券的发行仍然由人民银行审批。此请示得到国务院的同意，人民银行与国家计委（发展改革委前身）之间在债券管理的权力也得到清楚的划分。

2003年8月，证监会公布《证券公司债券管理暂行办法》，规定经证监会批准，证券公司可以发行债券，使证监会拥有了对证券公司这种金融机构发行债券的管理权力。但是，证券公司发行债券的审核权限在人民银行，因为《企业债券管理条例》第37条规定："企业发行短期融资券，按照人民银行有关规定执行。"因此，人民银行和证监会于2004年10月联合发布《证券公司短期融资券管理办法》，确定证券公司短期融资券由人民银行和证监会联合管理，其他短期融资券由人民银行独立管理。

（二）债券市场监督管理机制

1.信用评级制度

我国债券市场长期以国债、人民银行票据和政策性金融债为主导，由于这些债券多为政府信用和准政府信用债券，信用评级似乎不很重要，客观上导致我国债券市场的信用评级发展相对缓慢。

我国债券市场的信用评级要求最早出现在1997年。1997年，人民银行认可了9家评级机构的企业债券资信评级资格。2003年，发展改革委要求发债企业上报具有评级资格的评级机构出具的债券评级报告。此后，证监会也对信用评级以及评级机构提出了明确要求。2003年，保监会要求保险公司投资的企业债券只能在AA级以上。2004年，《货币市场基金暂行管理办法》中规定，货币市场基金不得投资于AAA级以下的企业债券。这些规定，确定了评级机构认可与评级结果使用制度。

2004年，随着非政府信用债券品种的丰富，为了保护债券投资者利益，主管部门对债券信用评级作用日益重视。每推出新金融产品都特别强调信用评级作用，要求信用评级机构进行信用评级，信用评级成为商业银行次级债、金融债券等债券发行的必要条件。评级业务的开展，也使信用评级成为辅助金融监管的重要手段，促进了金融市场的健康有序发展。

2.信息披露制度

银行间债券市场建立以来，作为主管部门的人民银行非常重视市场透明度建设，信息披露制度在探索中不断发展，基本上形成了较为完善的信息披露体系。与股票市场以自然人为主的投资者群体不同，银行间债券市场以合格机构投资者为主体，其信息披露制度主要适应机构投资者群体的投资需要。

2000年，人民银行颁布的《全国银行间债券市场债券交易管理办法》中首次出现了对信息披露违规行为的处罚条款；2004年，《商业银行次级债券发行管理办法》《证券公司短期融资券管理办法》出台，将信息披露明确为市场重要管理制度。其中，《商业银行次级债券发行管理办法》对发行人在发行次级债券时所应履行的信息披露义务和方式进行了规范，强调了信息披露必须充分、及时和有效。而《证券公司短期融资券管理办法》发布后，符合发行短期融资券条件的证券公司都参加了2003年以来的信息披露试点，信息披露成为新金融产品发行的要件。此外，《证券公司短期融资券管理办法》在继续邀请证券公司持续信息披露的基础上，还增加了发行信息披露和重大事项临时公告的要求。

第四章

债券市场快速发展

党的十六大提出了全面建设小康社会的战略目标，十六届三中全会通过了《中共中央关于完善社会主义市场经济体制若干问题的决定》，对资本市场发展作出了部署，提出要积极拓展债券市场，完善和规范发行程序，扩大公司债券发行规模，大力发展机构投资者，拓宽合规资金入市渠道，建立统一互联的证券市场，完善交易、登记和结算体系等。全会从理论和实践上为我国债券市场的改革指明了道路，推动我国债券市场遵从客观规律，沿着以机构投资者和场外市场为主的逻辑主线进行改革，实现市场快速发展。

一、市场发展取得新成就

（一）债券市场业务迅速增长

债券市场发行量、交易量、托管量大幅提升。2005年我国债券市场记账式人民币债券发行总量41782.33亿元，2012年债券市场共发行各类债券85751.34亿元，发行规模增长一倍以上，债券市场筹资功能全面发挥；2005年我国债券市场交易结算量25.5万亿元，2012年达到268万亿元，是2005年的十倍以上；2005年我国债券市场债券余额7.26万亿元，2012年末全国债券市场总托管量达到25.96万亿元，托管量大幅提升。

券种更为丰富，发行结构明显优化。2005年，我国债券品种在发行总量中占比居前的依次为人民银行票据65.73%、政策性金融债14.48%、国债12.07%和短期融资券3.38%。2012年，短期融资券及超短期融资券发行总量合计占比上升至22.46%，政策性银行债发行量占比上升至25.07%，国债发行量占比小幅提升至14.03%。从中央结算公司新发债券的券种结构来看，企业债券发行量占比7.55%，商业银行债发行量占比4.59%，政策性银行债、国债和中期票据占据主要地位，三者发行量合计约占发行总量的

72.38%。

债券期限结构出现较大变化。2005年，我国债券市场品种主要以3年期以下产品为主，其当年发行量占比达81.69%，其中1年期以下（含）占67.77%，1—3年期占比13.92%。2012年，债券市场期限结构已逐步转变为3—10年中长期品种为主，其当年发行量占比达到66.27%，0—3年短期品种发行量占比下降至25.27%，10年以上长期品种发行量占比为8.46%。

银行间市场是债券市场的主体。2012年，在中央结算公司新发债券1421 只，发行量共计58658.44亿元，占债券市场发行总量的68.41%；上海清算所登记新发债券1475只，发行量共计24498.57亿元，占债券市场发行总量的 28.57%。交易所发行公司债和中小企业私募债共计268只，发行量2594.33亿元，占债券市场发行总量的3.03%。2012年，债券市场共发生交易结算268万亿元。其中，中央结算公司统计结算量为218万亿元，占债券市场总交易结算量的81.34%，上海清算所统计交易结算量共计11.86万亿元，占比4.43%，交易所统计债券交易结算量共计37.44万亿元，占比13.97%。截至2012年12月末，在中央结算公司托管的债券总量为23.76万亿元，占全市场托管量的91.53%，上海清算所托管总量为1.67万亿元，占全市场托管量的6.43%，交易所托管的公司债和中小企业私募债总量为0.54万亿元，占全市场托管量的2.08%。

（二）债券市场产品创新加速

面向金融机构推出了次级债、混合资本债券和一般性金融债券，资产证券化开始试点。这一时期，一般性金融债券的发行拓宽了金融机构的直接融资渠道，有利于解决金融机构长期存在的资产负债期限结构错配问题。而混合资本债、次级债及资产支持证券的发行对于推进国有商业银行股份制改革、提高商业银行资本充足率起到了非常重要的作用，特别是次级债券，已经成为商业银行补充附属资本的重要渠道。

陆续推出短期融资券、中期票据等债券新品种。为改善社会融资偏重于间接融资的状况，增加企业直接融资渠道，鼓励有竞争力的企业直接进入资本市场融资，降低融资成本，我国先后推出了企业短期融资券、公司债券和中期票据。这些企业融资工具的发展，拓宽了直接融资渠道，改善了我国融资结构，推动了债券市场的发展。同时，为推动债券市场改革开放的步伐，又推出了国际开发机构人民币债券。此外，为发挥中央汇金有限责任公司作为国家对重要金融机构注资平台的作用，在2010年下半年推出了国家支持机构债券——汇金债券。

（三）交易工具不断丰富

为满足市场参与主体的多元化需求，进一步增强市场交易活跃程度，丰富债券市场避险工具，银行间债券市场先后推出了债券远期交易、人民币利率互换、远期利率协议等衍生产品品种以及债券借贷工具。2005年6月，工商银行与兴业银行达成了首笔债券远期交易。2006年3月，人民币利率互换登上历史舞台。2007年10月，远期利率协议正式开始启动。从交易规模看，很多产品的交易量及年均增幅超出了预期。2008年1月，人民银行发布《人民银行利率互换业务有关事宜的通知》，将参与利率互换业务的市场成员扩大至所有银行间市场成员，大大降低了利率互换市场的准入门槛，标志着人民币利率互换业务的正式推出。自2006年正式推出以后，中国利率互换市场成交量保持了快速发展的态势，2010年6月份，利率互换月成交金额超过1000亿。交易工具的不断丰富，对帮助投资者规避债券市场风险，提高市场流动性，促进价格发现功能的实现发挥了积极作用。

（四）合格机构投资者主体多元化

继《全国银行间债券市场债券交易管理办法》《关于开办债券结算代理业务有关问题的通知》发布后，银行间债券市场正式开展结算代理业务。2006年，人民银行发布《关于经纪公司进入银行间市场有关事项的通知》。2007年发布《全国银行间债券市场做市商管理规定》，对做市商制度进行完善。至此，做市商、结算代理、货币经纪等核心交易制度基本建立，有效满足了不同类型投资者的交易需求，为市场参与者分层结构的形成奠定了基础。银行间债券市场发展初期，商业银行（包括信用社）几乎是唯一类型的投资者，市场需求趋同，流动性不高。在确定债券市场的参与主体应该为合格机构投资者后， 债券市场监管部门以推进机构投资者多元化作为保障市场差异化需求、提高市场流动性、分散风险和维护市场稳定的重要方向，先后引入证券公司、保险公司、资产管理公司等非银行金融机构，企业年金基金、保险机构产品、信托产品等集合类投资主体和非金融企业等，并推动境外人民银行类和商业类机构投资者投资债券市场。政策效果主要体现在以下三方面。

一是机构投资者的数量大幅扩张。银行间债券市场成立时，全部市场参与者仅为16家商业银行。后续随着商业银行纷纷进入市场，其他金融机构和工商企业也纷纷申请进入了银行间债券市场。截至2012年末，银行间债券市场参与主体已由最初的16家商业银行，增加到12415家机构。

二是机构种类逐步增加。随着我国债券市场的发展，银行间债券市场机构投资者不再限于银行的范畴。2006年，人民银行批准工商银行管理的企业年金以年金名义在银行间债券市场开立账户，进行交易。2008年，人民银行先后发布公告，允许保险机构以其保险产品的名义开立账户，基金管理公司以其管理的专项基金的名义开立账户、证券公司以其管理的专项理财计划的名义开立账户，进行债券交易。随着机构投资者种类的增多，其所覆盖领域的资金量也日益增加，有助于强化债券市场运行的稳定性，并提高其资金本身的安全性。

三是机构成员结构不断优化，质量持续提升。银行间市场监管部门先后推出多项措施，优化市场参与者结构。一是建立做市商制度和结算代理人制度，形成银行间债券市场的核心层。截至2012年末，全国银行间债券市场共有做市商25家，结算代理人45家，均为具有较强实力的金融机构。二是根据金融机构与非金融机构在债券交易中的不同功能，赋予金融机构更多的职能，让其承担更多的责任，成为银行间市场的中坚力量。三是强化对活跃度较低的中小金融机构和工商企业的风险教育，为其提供交易、结算等服务，将其带动起来。

中央结算公司统计数据显示，截至2012年年末，银行间债券市场12431家，其中金融类机构投资者（含商业银行、信用社、基金、证券公司、保险机构和非银行金融机构）5944家，占总投资者数量的47.82%；非金融类投资者（具体指企业）达到6375家，占总投资者数量的51.28%。

二、市场化改革迈出坚实步伐

（一）深化政府债券市场化改革

实行国债余额管理，国债管理的科学化水平不断提高。经全国人大常委会批准，自2006年起，我国采取国债余额管理的方式管理国债发行活动，实现了国债管理方式的重大变革。一方面为财政部灵活、滚动发行中短期国债、优化国债期限结构打开了通道，另一方面也为加强国债管理与中央国库现金管理，合理进行国债规模和成本控制，科学制定国债品种和期限结构，稳定和提高国债市场流动性提供了制度保障。

积极推进国债发行管理机制创新，着力推动国债市场化改革。财政部积极推进国债发行管理制度创新，着力推动国债市场化改革，实现定期滚动发行1年、3年、5年、7年和10年期关键期限国债，并于2009年首次发行50年期超长期限国债；建立并全面实施国债续发行框架；正式启动国债预发行试点；完善储蓄国债发行管理，开展储蓄国债（电子式）网上银行销售试点；实行凭证式国债改革，将凭证式国债发行对象由全社会改为个人投资者，发行方式由各承销团成员包销改为代销等。随着一系列管理机制的出台，我国逐步建立起统一互联、结构合理、规范有序、运行高效、功能齐全的政府债券市场。

地方政府债券发行试点稳步推进。2009—2012年期间，我国地方政府债券先后经历代发代还、自发代还两个阶段。2009年，为应对国际金融危机，缓解财政收支压力，配合积极财政政策，经国务院特别批准，开始由财政部每年代理发行2000亿元地方政府债券。2011年，在财政部代发地方政府债2000亿元额度内，上海、浙江、广东、深圳首次试点自行发债，仍由财政部代办还本付息。4年来地方共发债8500亿元，其中财政部代发7982亿元，试点地方自行发债518亿元。这一时期的发行探索，有效积累了地方政府债券发行经验，对后续地方政府债务管理制度建设具有重要意义。

（二）信用类债券产品持续创新

短期融资券开启了我国信用债市场的新篇章。2005年，为拓宽企业直接融资渠道，人民银行颁布《短期融资券管理办法》，启动非金融企业短期融资券市场，允许符合条件的企业在银行间债券市场向合格机构投资者发行短期融资券。作为一个创新的金融产品，在银行间债券市场引入短期融资券是我国融资方式的重大突破，对拓宽企业直接融资渠道、改变直接融资与间接融资比例失调、疏通货币政策传导机制等具有重要意义。随着市场化改革持续深入，为落实政府转换职能的行政改革要求，推动直接融资发展，人民银行推动于2007年成立了中国银行间市场交易商协会（NAFMII），并授权交易商协会对非金融企业债务融资工具发行进行自律管理并实行注册制。

金融债券产品持续创新。2006年9月，人民银行发布《全国银行间债券市场金融债券发行管理办法》，就商业银行发行混合资本债券的有关事宜进行规定。2007年，首次发行了以上海银行业同业拆放利率（Shibor）为基准的5年期浮动利率债券，得到了市场投资人的热烈欢迎。这些浮动利率债有利于银行资产和负债之间的匹配，锁定了由于利率变动带来的风险，同时也锁定了作为发行人的国开行的贷款利率风险，尤其是长期浮动利率债券的推出优化了国开行资金来源的期限结构，加强了资产负债管理，为国开行在资本市场树立了良好信誉。

公司债券发行制度逐步建立，审批机制有效优化。2007年8月，证监会正式颁布实施《公司债券发行试点办法》，规定试点期间上市公司率先可向证监会申请发行公司债券。长江电力发行的不超过80亿元（含80亿元）公司债券及第一期发行40亿元公司债券的申请于同年9月18日获证监会发审委审核通过，这也是《公司债券发行试点办法》实施后的第一只公司债，第一批企业债发行总额就达到992亿元人民币。新办法颁布当年，81家发行主体发行企业债券89只，发行总额1720亿元，发行只数和规模均为历史最高。随着国家发展改革委进一步简化企业债核准程序，企业债审批程序得到简化，审批期限有效缩短，此举不仅降低了企业债的发行门槛，拓宽了募集资金的使用范围，还大大提高了企业发债的积极性。

企业债管理制度体系不断完善，第一只无担保信用企业债发行。2008年1月，发展改革委发布《关于推进企业债券市场发展、简化发行核准程序有关事项的通知》，企业债发行程序实现“二合一”，对企业债券发行核准程序进行改革，将先核定规模、后核准发行两个环节，简化为直接核准发行一个环节，同时指出企业可发行无担保信用债券、资产抵押债券、第三方担保债券，从而为无担保信用债券发行提供了制度基础。同年4月，中国中材集团发行5亿元无担保企业债券，这是我国第一只无担保信用企业债，对我国企业债券进一步向市场化发展意义重大。

（三）发行机制建设不断完善

发行机制不断创新，发行安排越发科学。国债发行由以往的集中发行改为按月滚动发行，并逐步形成1年期、3年期、5年期、7年期、10年期五个关键期限国债的滚动发行机制，有效促进了发行利率的稳定和国债收益率曲线的完善。2003年后，财政部开始采用续发行方式，降低了新债发行频率，有效控制了发行成本，提高了单只债券的市场存量，促进了市场流动性的提升。此外，从2005年起，记账式国债全部实现跨市场发行，次年开始形成统一的跨市场记账式国债承销团，有效促进了银行间市场与交易所市场的联通。

坚持市场化改革方向，发行效率不断提高。发行定价机制市场化是国债二级市场平稳运行的重要基础。在国债发行方面，财政部先后采用了承购包销发行、缴款期招标发行、单一利率招标、多重利率招标方式的发行方式，创新性地推出了混合利率招标方式，并取消了利率上限等约束条件，大幅提高了市场化定价水平。这一期间，记账式国债全部通过电子招标系统发行，招标方式包括单一利率招标、多种利率招标和混合利率招标，每年50—60次的招标操作均能平稳顺利进行，发行效率大幅提升，对保障国债二级市场正常运行也至关重要。

完善承销团制度，规范市场发展。2000年，财政部开始组建银行间债券市场国债承销团，2002年又相继组建了凭证式国债承销团和交易所市场国债承销团。2006年，财政部、人民银行、证监会联合发布《国债承销团成员资格审批办法》，形成统一的记账式国债承销团，标志着国债承销团进入了制度化、规范化的新阶段。同时，国债承销团对外开放度进一步提高，2004年首次引入外资机构参与国债一级市场，目前有3家外资银行加入记账式国债承销团。

（四）建立健全市场化约束机制

减少行政审批，推动成立自律管理组织。2005年，人民银行在面向机构投资者推出短期融资券时，尝试进行发行管理的体制创新，采用了备案制。2007年9月，经国务院批准，人民银行推动成立交易商协会，对银行间债券市场实施自律管理，并以交易商协会为依托，对中期票据、短期融资券等债务融资工具的发行管理实行更为市场化的注册制，极大地激发了市场潜力。在注册制推出后，证监会、发展改革委也逐步简化债券审核程序，丰富发行方式，给予债券发行更多自由度。

逐步完善债券市场信息披露制度，明确细化披露要求。债券信息制度的完善，为合格机构投资者评估、分析和判断风险提供了信息保障，有助于保护投资人的合法权益。以地方政府债券为例，2011年地方政府债券“自发代还”试点以来，财政部发布多项管理规定，推动试点地区通过相关媒体及时披露当地经济运行和财政收支状况等指标，并在发债定价结束后及时公布债券发行结果。良好的债券信息披露对促进地方债券顺利发行、提高地方债券市场透明度、促进建立规范合理的地方政府举债融资机制具有重要意义。

不断完善信用评级制度，健全市场化约束机制。建立信用评级的“投资者付费模式”，市场中介服务的质量不断提高。银行间债券市场更加强调会计报表的质量，强化信息披露、信用评级等市场化约束机制，不再强制要求担保，同时建立外部增信机制等市场化的风险分担机制，为市场快速发展起到了保驾护航作用。

三、二级市场建设可圈可点

（一）建立完善市场基础性制度

建立并完善国债承销团制度，承销团成员在二级市场中的作用得到有效发挥。2006年，财政部、人民银行和证监会联合发布了《国债承销团成员资格审批办法》，建立了统一规范和相对稳定的记账式国债承销团制度。目前，记账式国债承销团成员由商业银行、证券公司和保险公司等成员组成，其中多数成员都是人民银行公开市场业务一级交易商和银行间债券市场做市商，在国债二级市场运行中发挥着重要作用，保障了国债一级市场和二级市场的无缝对接。

二级市场定价机制持续优化完善，做市商机制逐步推开。2005年，我国银行间国债市场推出了远期交易，这有利于国债现货市场的价格发现，可以稳定市场价格和方便机构投资者管理风险。2007年2月，《全国银行间债券市场做市商管理规定》开始施行，对做市商的权利和义务作了更具体的规定，降低了做市商准入标准，加大对做市场的政策支持力度，使更多数量的不同类型金融机构有机会参与银行间债券市场的做市业务。同年7

月，为提高固定收益证券的交易效率，上海证券交易所推出了固定收益证券综合电子平台，引入了报价驱动的交易方式，建立了一级交易商做市机制。2008年，上海证券交易所推出的固定收益交易平台也采用了做市商制度。2011年，人民银行、财政部发布联合公告，要求银行间债券市场做市商对1年期、3年期、5年期、7年期和10年期5个关键期限中至少4个关键期限的新发国债进行做市，此举进一步完善了做市商评价体系，也有利于完善国债二级市场定价机制。2008年4月，中国银行间市场交易商协会发布了《全国银行间债券市场做市商管理规定》，对于银行间债券市场做市业务进行指引，进一步完善了做市商激励约束机制，充分发挥了债券市场做市商作用。

推动关键期限国债做市进一步规范化。2011年，财政部、人民银行就关键期限国债发布公告，要求新发关键期限国债做市券种单笔最小报价数量为面值1000万元人民币；做市商确定新发关键期限国债券种之后，当日不能变更，并且应当对所选定的做市券种进行连续双边报价，双边报价累计时间不能少于4小时，并且在开盘后30分钟内报价。上述规定的发布，有力推动了关键期限国债做市的规范化、合理化，对完善市场价格发现机制、推动债券市场健康发展具有重要意义。

（二）丰富市场参与主体类型

进一步开放二级市场，市场参与主体日益多元化。1997年，银行间市场机构投资者只有16家，经过几年的发展也才达到了1600余家。为此，2006年人民银行发布了第5号公告，将金融机构进入银行间债券市场准入制度由审批改为备案，所有金融机构能够自主成为银行间市场的成员。同时，商业银行国债柜台交易市场开办，实现了报价驱动市场中批发和零售交易的衔接。2008年以来，还陆续引进了信托投资计划、证券公司资产管理计划、基金公司特定资产管理计划等非法人机构投资者，市场参与者日益多元化，市场流动性大幅提高。

二级市场运行机制不断健全，有力促进债券市场互通互联。自2003年开始跨市场发行记账式国债，到2005年，所有记账式国债已实现跨市场发行和交易，2009年人民银行、证监会、银监会联合发布《关于上市商业银行在证券交易所参与债券交易试点有关问题的通知》，启动上市商业银行进入交易所债券市场试点工作，再次允许上市商业银行进入交易所债券市场，商业银行时隔13年之后重返交易所债券市场，推动银行间债券市场与交易所债券市场投资者结构趋于统一，有效促进了债券市场互通互联。

（三）国债收益率曲线不断完善

国债期限结构日趋完整，为关键期限国债收益率期限发布奠定基础。2005年，加入1年期国债，2006年，将2年期和5年期国债转换为3年期，2007年，加入10年期；2009年，重新加入5年期国债。至此，我国形成了1年期、3年期、5年期、7年期和10年期五个关键期限国债品种均出现于市场中的局面。2006年实行国债余额管理以后，财政部增加了1年期以下短期国债的发行，2009年，财政部成功发行50年期国债，自此国债期限结构日趋完整，也为关键国债收益率曲线的编制奠定基础。

关键期限国债收益率曲线陆续发布。国债收益率曲线由中央结算公司编制及提供，主要内容包括1、3、5、7、10年等关键期限国债及其收益率水平形成的图表。这一举措有利于进一步推进财政信息公开工作，对于提高国债管理政策透明度，发挥国债市场化利率的定价基准作用，健全国债收益率曲线，以及促进国债市场持续稳定健康发展具有重要意义。关键期限国债和超长期限国债的定期滚动发行，有效促进了稳定、完整、可靠的国债收益率曲线的形成，适应了投资者的不同需求，也为构建完整的国债收益率曲线创造了条件，对二级市场的深度与广度延伸具有重要的推进作用。

（四）二级市场管理机制不断创新

国债二级市场稳步发展。伴随着经济金融改革的不断深化和国债承销团成员专业能力的不断提升，我国采取多项措施拓展了国债市场深度和广度。一是引进国债质押式回购、买断式回购、远期等新的交易品种，在提高效率的同时，有效地控制了风险。二是建立商业银行记账式国债柜台市场，并逐步增加柜台交易品种。三是建设了交易所固定收益证券综合电子平台，丰富了市场层次。四是实行国债净价交易，通过新制度、新机制、新技术提高了国债交易结算效率，吸引了更多的投资者参与国债市场。

银行间债券市场管理方式发生重大转变。人民银行以2008年1号令的形式发布了《银行间债券市场非金融企业债务融资工具管理办法》，把债务融资管理中属于自律约束性的、日常程序性的事务转交给交易商协会实行自律管理。该办法的出台标志着银行间债券市场管理方式的重大转变。

场外市场积极发展和完善。在确定债券市场面向合格机构投资者、以场外市场为主的发展方向后，人民银行逐步推动市场向符合机构投资者场外批发交易需求的方向转变。一是全面加强债券市场基础设施建设。推动债券托管机构和交易系统、支付系统的对接，实现了国际先进的交易和结算系统数据直通式处理和券款对付结算，提高交易效率，降低交易成本和操作风险。此外，完善场外市场电子交易系统，为参与者提供透明、规范的交易平台；成立银行间清算所股份有限公司（简称“上海清算所”），推动建立中央对手方清算体系。二是创新和丰富交易品种。根据机构投资者的需求不断推进债券市场产品创新，实现政府类债券、金融类债券、公司信用类债券和资产证券化产品全覆盖，稳步发展利率衍生品、信用衍生品市场。

四、法律体系日趋成熟

（一）多部债券相关法律修订或发布

这一时期修订或颁布的一些法律，都从各自角度，对涉及债券市场管理的某些领域和环节进行了规范。如2003年修订的《人民银行法》，规定人民银行不得对政府财政透支，不得直接认购、包销国债和其他政府债券，同时还规定了人民银行履行监督管理银行间债券市场的职责，2005年修订的《证券法》规定“政府债券、证券投资基金份额的上市交易，适用本法”，2008年颁布的《物权法》则规定了可以在债券上设置质权，并对无纸化债券的质权设立方式进行了规范。

（二）部门规章与规范性文件密集发布

这一时期，国债管理所涉及的多个部门，单独或联合制定了多项部门规章和规范性文件，保障了市场的规范化运行，成为国债市场法律法规体系的重要组成部分。如《中华人民共和国国债托管管理办法》《国债跨市场转托管管理暂行办法》《关于试行国债净价交易有关事宜的通知》《商业银行柜台记账式国债交易管理办法》《储蓄国债（电子式）管理办法（试行）》《国债承销团成员资格审批办法》《证券登记结算管理办法》等。

（三）地方政府债务管理文件频发

伴随着地方政府债券发展的各个阶段，围绕地方政府债务问题，国家多次发布管理办法及意见通知。

地方政府债务初现，制度建设开始启动。2009年之前，地方政府债务主要为国债转贷模式。1988年，财政部制发《国债转贷地方政府管理办法》，增发一定数量的国债由财政部转贷给省级政府，用于地方的经济和社会发展建设项目，这是我国地方政府债券发展历程上的关键一步。2000—2007年，相关制度主要围绕外国政府贷款、乡村债务、非法集资方面展开，如《国家计委关于进一步加强外国政府贷款管理若干意见的通知》《关于制止发生新的乡村债务有关问题的通知》《国际金融组织和外国政府贷款赠款管理办法》《关于坚决制止发生新的乡村债务有关问题的通知》《关于清理化解乡村债务工作的意见》《关于依法惩处非法集资有关问题的通知》等。

地方政府债券探索前进，制度建设稳步开展。2009年，为应对国际金融危机，缓解财政收支压力，配合积极财政政策，经国务院特别批准，由财政部每年代理发行2000亿元地方政府债券。财政部随即开展了相关债券发行和管理工作，先后发布了《关于做好发行2009年地方政府债券有关工作的通知》《财政部代理发行2009年地方政府债券发行对付办法》等制度文件。2011年，财政部经国务院批准，发布了《2011年地方政府自行发债试点办法》，批准上海、浙江、广东、深圳试点自行发债。此次试点省（市）地方政府债发行规模包含在2011年度财政部代发地方政府债2000亿元额度内，仍由财政部代办还本付息，这与财政部代发地方政府债相类似。

（四）城投债政策文件密集发布

2005年开始，城投债被纳入地方企业债范畴，企业发行政策的调整降低了债券发行门槛，城投债发展步伐明显加快，发行数量和规模迅速增长和扩大。2009—2012年，随着地方政府融资平台的日渐兴起，融资平台举债规范性问题日益凸显。为此，国务院于2010年6月发布《关于加强地方政府融资平台公司管理有关问题的通知》（国发〔2010〕19号），开始对地方政府融资平台进行整理和规范，文件一方面要求金融机构加强信贷管理，另一方面要求地方政府抓紧清理核实并妥善处理地方政府融资平台公司债务，对融资平台公司进行清理规范，加强对融资平台的融资管理，坚决制止地方政府违规担保承诺行为，城投债发行一度停滞。同年7月，财政部、发展改革委、人民银行、银监会四部委下发《关于贯彻国务院〈关于加强地方政府融资平台公司管理有关问题的通知〉相关事项的通知》（财预〔2010〕412号），对融资平台及其债务的清理时限、分类原则进行进一步说明，城投债逐渐恢复发行。同年11月，发展改革委办公厅下发《关于进一步规范地方政府投融资平台公司发行债券行为有关问题的通知》，对加强地方融资平台管理的细节进行说明。这一时期，除上述政策文件外，还有《关于坚决制止财政违规担保向社会公众集资行为的通知》（财预〔2009〕388号）、《关于规范地方各级政府部门举债和担保承诺行为的通知》（财预〔2010〕437号）、《关于制止地方政府违法违规融资行为的通知》（财预〔2012〕463号）等多部管理文件发布，对有效规范地方政府融资、强化地方政府债务风险管控具有重要意义。

（五）各类债券管理制度体系逐步完善

2005年，为拓宽企业直接融资渠道，人民银行颁布《短期融资券管理办法》，同年5月，《全国银行间债券市场金融债券发行管理办法》发布，有效规范了金融债券发行行为，促进债券市场发展，拓宽了金融机构直接融资渠道，优化了金融资产结构；2007年8月，证监会正式颁布实施《公司债券发行试点办法》；同年，《银行间市场金融衍生产品交易业务指引》公开征求意见，规范了银行间市场金融衍生品交易业务，促进金融衍生产品市场的规范健康发展；2008年1月，发展改革委发布《关于推进企业债券市场发展、简化发行核准程序有关事项的通知》，2009年3月，人民银行发布《全国银行间债券市场金融债券发行管理操作规程》，进一步规范与完善了金融债券发行管理，提高了金融债券发行审核的透明度，健了全市场约束与风险分担机制。

五、基础设施建设取得积极进展

（一）市场基础服务支持体系达到国际先进水平

银行间债券交易实现直通式处理。2005年，根据人民银行的统一部署，全国银行间同业拆借中心与中央结算公司共同开发的交易系统与簿记系统数据接口，之后两系统正式实现连接运行。系统直通式处理（straight through processing，STP）的运行，不仅可以有效地减少交易成员的负担，降低重复录入数据所导致的操作风险，提高市场运行效率，而且还为今后金融创新产品的联合推出提供了必要的技术支持，是我国债券市场基础设施建设方面取得的重大进展。直通式处理的实现，将为我国债券市场的高效、安全运作提供可靠的技术支撑，有利于促进市场的活跃，进一步推动银行间债券市场的快速发展。

券款对付（DVP）交易结算方式推向市场。DVP结算是证券托管结算系统应实现的最重要功能，2008年7月31日，为配合人民银行2008年第12号公告的实施，中央结算公司制定发布了《银行间债券市场券款对付结算业务实施细则》，向非银行金融机构推出DVP结算业务，全国银行间债券市场成员均可享受券款对付（DVP）的安全交易结算方式。银行间债券市场全面建立使用人民银行货币的券款对付结算机制，提供券款对付（DVP）的结算服务，是我国债券结算方式的一个重大完善。DVP结算有助于债券交易结算、支付系统运行在安全性和效率性方面实现更高层次的统一，并有利于人民银行加强对商业银行流动性支持的有效性，改善商业银行备付金管理的基础条件，对国家金融基础设施的建设具有重要意义。此外，券款对付（DVP）交易结算方式是国际证券结算标准极力推荐的做法，也是我国债券市场向国际证券结算标准靠拢的关键性一步。

2006年7月1日，第一期电子式储蓄国债在苏州开售。图为苏州市民一大早在一家银行前排队等候购买。

2006年，中央结算公司开展小额支付系统质押额度管理业务和大额支付系统自动质押融资业务，配合制定相关业务的管理办法和规则规程。证券结算系统与支付系统的联动，也促进了支付系统的风险管理。

2009年上海清算所成立，初衷是为外汇市场和场外衍生品提供集中清算服务，引入中央对手方机制，但2010年起，该机构开始涉足信用债券托管业务，银行间债券市场分成两个债券登记托管机构。

（二）基础设施各类系统功能建设不断增强

债券发行系统日渐成熟。结合债券发行的新变化和新需求，中央结算公司及时建设完善发行系统的各项功能，积极推动发行主体采用多样化的技术组合，灵活使用不同招标方式，保证了不同品种债券的顺利发行。

根据财政部和人民银行的规定，先后设计开发并上线运行“商业银行定期存款”和“国债买回”业务系统，大力支持国库现金管理市场化运作。同年，储蓄国债（电子式）柜台业务系统正式上线运行，进一步扩大了个人投资者的债券投资渠道。

信息系统作用逐步增强。银行间债券市场作为场外市场，债券交易以询价方式进行，自主谈判，逐笔成交。中央结算公司不断加强信息系统建设，率先于1998年推出“中国债券信息网”[①]专业网站，加强了信息服务，提高了市场透明度。债券信息网站功能不断优化。2007年，中国债券信息网网站开通英文版。

① 网址为 www.chinabond.com.cn.

六、对外开放开启新篇章

这一阶段，银行间债券市场对外开放循序渐进、成果卓著，管理的市场化程度与投资的便利性持续提升，保持了开放节奏与风险防控的良好平衡。

（一）市场对外开放与投资便利化程度进一步提高

投资者“引进来”。一方面，银行间债券市场对外开放程度循序渐进，有序提升。2000年，经营人民币业务的外国银行分行进入银行间债券市场。2005年，泛亚基金和亚债中国基金作为境外投资主体，先后获准进入银行间债券市场，在中央结算公司开立债券账户。泛亚基金也成为银行间债券市场引入的第一家境外机构投资者。2008年5月，摩根大通银行（中国）有限公司获得银行间债市做市商资格，成为首家获得做市商资格的外资银行。2008年12月，允许在华外资法人银行基于同中资银行相同的待遇，为其客户或自身在银行间市场交易债券，外资银行全面进入中国银行间债券市场。2009年1月，银监会批准外商独资银行和中外合资银行在内地银行间债券市场交易及承销（非金融）企业债券融资工具，境内企业债市场将对外资银行开闸。外资银行的逐步进入，对银行间市场丰富活跃起到了越发重要的作用。2010年8月，人民银行发布《关于境外人民币清算行等三类机构运用人民币投资银行间债券市场试点有关事宜的通知》（银发〔2010〕217号），允许境外中央银行或货币当局、港澳人民币业务清算行和跨境贸易人民币结算境外参加银行使用依法获得的人民币资金投资银行间债券市场。2012年4月23日，人民银行与世界银行签署《人民银行代理国际复兴开发银行（IBRD）投资中国银行间债券市场的代理投资协议》以及《人民银行代理国际开发协会（IDA）投资中国银行间债券市场的代理投资协议》。人民银行代理成为境外机构入市操作的选择之一。

另一方面，交易所市场的QFII制度不断深化，并建立RQFII制度。截至2012年，经国务院批准，人民币合格境外机构投资者（RQFII）投资额度增加2000亿元人民币，RQFII投资额度累计达到2700亿元人民币。2011年12月，证监会、人民银行、外汇局联合发布《基金管理公司、证券公司人民币合格境外机构投资者境内证券投资试点办法》，进一步扩大了境外机构的参与类型，规范试点机构的账户管理、资金汇出入、资产配置、银行间债券市场投资和信息报送等行为。

发行主体“引进来”。2005年，允许国际开发机构在境内发行人民币债券。同时泛亚基金和亚债基金也获准在银行间债券市场开展投资，这标志着中国银行间市场对外开放大门的正式开启。2005年2月18日，《国际开发机构人民币债券发行管理暂行办法》（人民银行、财政部、国家发展和改革委员会、中国证券监督管理委员会公告〔2005〕第5号）发布实施，允许符合条件的国际开发机构在国内发行人民币债券，引进国际债券发行的先进经验和管理技术，推进国内债券市场开放与发展。2005年10月9日，批准国际金融公司和亚洲开发银行在全国银行间债券市场分别发行人民币债券11.3亿元和10亿元，在中央结算公司集中登记托管，这是中国债券市场首次引入外资机构发行主体。

与此同时，境内也在积极探索“走出去”渠道。2004年、2005年，经人民银行统一，中央结算公司先后与香港金管局CMU和欧洲明讯银行签订协议，为境内合格投资者投资境外相关债券提供了便捷、可选的代理结算新途径。

（二）逐步建立完善境外债券发行机制

发行人“走出去”。为统筹利用两个市场、两种资源，2007年人民银行与发展改革委共同发布了《境内金融机构赴香港特别行政区发行人民币债券暂行管理办法》，允许符合条件的境内金融机构赴港发行人民币债券。2009年，根据中央推动金融业对外开放和支持香港经济社会发展的总体部署，财政部开始在香港向国际市场发行以人民币、美元计价的主权债券，稳步扩大香港人民国债发行规模，不断优化国债发行期限结构，从常见的2年、3年、5年等期限品种，逐步增加关键期限品种。同时，为促进成交价格反映市场真实供求关系，财政部在香港银行间市场和交易所市场选择执行机构，向二级市场提供双边报价，引导促进市场交易。2012年5月，发展改革委发布了《关于境内非金融机构赴香港特别行政区发行人民币债券有关事项的通知》，在支持境内机构赴香港发行人民币债券的同时，对发行条件、审批流程、资金用途等相关事项进行了规范，有力推动了香港人民币债券市场的发展。

同时，为助推香港离岸人民币业务发展，香港金管局陆续推出“放宽对人民币未平仓净额的监管规定”、“提供短期人民币资金”等多项措施，并与英国财政部倡导成立合作小组，推动双方在发展离岸人民币业务方面合作。2010年2月，香港金管局出台了《香港人民币业务的监管原则及操作安排的诠释》，针对香港人民币债券市场规定：“在发债体范围、发行规模及方式、投资者主体等方面，均可按照香港的法规和市场因素来决定。”

发行方式上，从2009年初次发行时的簿记建档方式，逐步过渡到招标发行、上市、定向发行等方式，对其他发行体起到了良好示范作用。此外，香港通过连续10年的持续发行和做市安排，已经初步掌握反应市场供求关系的人民币国债收益率曲线，成为离岸人民币债券主要定价依据，显著降低了交易成本。在发债过程中，财政部持续通过投资者推介会、研讨会、发行仪式、与特定投资者沟通等方式，向市场积极宣传我国经济社会发展和改革开放的成就，起到了良好的宣传效果。

截至2012年5月底，196家银行成为香港人民币清算平台的参加行，其中170家由外资持有或在境外经营业务，显示全球各地银行积极利用香港平台和资金池向客户提供人民币服务。2012年，经香港进行的人民币贸易结算总额达2.6万亿元，较2011年增长超过30%，是2010年的7倍多。赴港发行人民币国债，逐步开展离岸人民币国债发行试点，不仅推动了香港离岸人民币债券市场的建立和发展，还在支持境内企业境外融资和提升香港国际金融中心地位等方面发挥了积极作用，也向国际社会展示和宣传了中国改革开放以来经社会发展的成就和良好的主权信用。

第五章

债券市场创新发展

党的十八大于2012年11月8日在北京召开，标志着中国特色社会主义进入新时代。十八大是我国改革发展关键阶段召开的一次重要大会，勾画了中国未来发展的宏伟蓝图，确立了中国继续前行的路径、目标、动力和实践方式，我国经济社会发展进入崭新的历史时期。面对极为错综复杂的国内外形势，党中央、国务院把握经济大势，保持调控定力，坚持底线思维，统筹稳增长、调结构、促改革、惠民生各项工作。坚持稳中求进、稳中向好的工作总基调，迎难而上，开拓进取，改革开放和社会主义现代化建设都迎来了历史性变革和新的发展阶段。

在经济砥砺前行的进程中，金融市场改革始终为整个经济体制改革的一个重要组成部分。党的十八大以来，党和国家高度重视金融在市场经济中的作用，加强党对金融工作的顶层设计和领导，深化各项改革的战略部署，金融工作蹄疾步稳迈入新境界。党的十八大报告明确提出要“深化金融体制改革、加强金融监管，推动金融创新、维护金融稳定”，明确要“加快发展多层次资本市场”；党的十八届三中全会通过的《中共中央关于全面深化改革若干重大问题的决定》提出“充分发挥市场在资源配置中的决定性作用”，并对完善债券市场建设做出了重要部署，明确要“发展并规范债券市场”，“健全反映市场供求关系的国债收益率曲线”，“建立规范合理的中央和地方政府债务管理和风险预警机制”，“允许地方政府通过发债等多种方式拓宽城市建设融资渠道”等，为债券市场高质量创新发展指明了方向。

一、市场进入高质量发展新阶段

在贯彻党的十八大关于全面深化改革的战略部署下，在党加强对金融工作的顶层指导下，在政府提高直接融资比重、积极规范发展多层次资本市场、加快利率市场化改革等措施的政策推动下，我国债券市场进入波澜壮阔的发展新阶段。债券市场不断扩容，截至2018年末，中国债券市场余额约达86.39万亿元人民币，位居世界第三。中国债券市场的存量规模占GDP的比重也在逐渐提高，截至2018年末，这一比例高达90%，反映出金融深化程度不断提高。债券市场全年发行量达22.6万亿元[①]，总交易量达1140万亿元。

随着债券发行和交易规模的扩大，市场化改革的进程也不断加快，债券市场的市场结构、运行状况和制度建设发生了巨大的变化。一是国债和地方债市场管理制度改革取得重大突破，以地方债为主的地方政府举债融资机制基本建立。发行机制不断完善，发行市场化、透明化程度不断提

① 发行量和托管量的统计不包括可转让存单（全年发行量约21.08万亿元，年末余额约9.89万亿元）。

高。二是债券市场持续扩容。国债、地方债发行规模大幅增长，为积极财政政策的实施提供坚实保障；债券品种多样化，期限结构不断完善，满足多样化投资需求；债券二级市场交易活跃，流动性显著提升；建立健全反映市场供求关系的国债收益曲线。三是债券市场对外开放程度不断提高，国际影响力不断提升。四是债券市场形成以场外市场（银行间债券市场）为主、场内市场（交易所和柜台债券市场）协调发展的市场格局，两个市场分工合作、相互补充，互联互通的多层次债券市场体系逐渐形成。

二、一级市场建设取得重大进展

不断深化国债发行市场化改革。完善记账式国债发行机制，推动银行间债券市场开展预发行交易，改进续发行管理，不断提高记账式国债发行管理效率。适应利率市场化不断加速的要求，研究改进储蓄国债定价机制，逐步确立储蓄国债在个人金融产品定价中的基准地位。建立并巩固地方债市场化举债融资机制，加强信息披露和风险管理。推动各类债券的发行改革及品种的创新，满足多元化投资需求。

（一）发行机制不断完善

国债发行机制不断创新。国债招标发行机制不断优化，形成“10年期以下采用混合式，30年、50年期采用单一价格”的招标体系，更好地促进金融机构合理化招标，提升发行定价水平。

对短期国债启动滚动发行。财政部自2015年二季度起按月滚动发行6个月期国债，自四季度起按周滚动发行3个月期国债，并在财政部网站首次公布3个月、6个月国债收益率。短期国债的常态化滚动发行有利于进一步完善国债期限结构，优化短端国债收益率曲线，促进财政政策和货币政策协调配合。

对特别国债进行滚动发行。2017年，财政部于2007年6月发行的2000亿美元特别国债中的10年期部分陆续到期，为做好特别国债兑付工作，财政部采取滚动发行方式，在全国银行间债券市场面向境内有关银行定向发行两期共6000亿元特别国债。此次特别国债新增7年期的类别，且发行利率略低于10年期，反映了合理的期限溢价，有助于引导市场同期限利率下行来修复倒挂的国债收益率曲线。在特别国债滚动发行过程中，人民银行在二级市场公开市场操作，从公开市场业务一级交易商买入6000亿元特别国债。人民银行针对定向机构发行特别国债的对冲行为和流动性支持，实现了财政政策与货币政策的有机配合，弱化了对债券一级市场和二级市场交易的挤出效应，减轻了特别国债到期续作对市场的冲击。

建立健全交易所国债预发行机制。允许投资者对即将发行的国债在招标前买卖，有助于加强一、二级市场价格的衔接，提高国债定价基准作用和市场效率。2013年3月，财政部会同人民银行、证监会下发《关于开展国债预发行试点的通知》，正式启动预发行试点。同年7月，财政部、人民银行和证监会联合发布了《关于7年期国债开展预发行试点的通知》，确定7年期记账式国债作为首批开展预发行试点的券种。10月，预发行率先在上交所债券市场开始试点。2014年6月，预发行试点券种从7年期国债扩大至全部关键期限国债。2014年12月，国债预发行在银行间债券市场推出。2018年12月，同业拆借中心、中央结算公司、上海清算所等银行间债券市场三机构日前联合发布通知，明确国债预发行交易实行履约担保制度，担保机制包括保证金与保证券，交易双方可选择双边履约担保或选择由第三方提供履约担保集中管理服务。

建立健全有序、稳定的国债续发行机制。2013年，财政部按照3年、5年期记账式国债续发1次，7年、10年期记账式国债续发两次的规律进行续发行，其中7年期形成了每季度第一个月新发、后两个月续发的模式，初步建立起国债续发行的基本机制。此后，逐步对1年、3年、5年、7年、10年期所有关键期限国债和2年、30年期国债实行续发行，减少债券碎片，提高了中长期国债定价有效性。建立定期续发行机制，能够提高单期国债存量规模，有利于提高国债交易活跃度和市场流动性，以及形成规范有序的国债到期结构，增强国库现金流量的规律性。

地方债全面自发自还，发行市场化改革向纵深推进。2014年开始，财政部将由其还本付息的地方政府债券发行模式改为发债地区自行还本付息，即“自发自还”模式，试点地区选取北京、上海、江苏、浙江、江西、山东、青岛、广东、深圳、宁夏等十个省、市，发行规模达1092亿元。按规定，试点地区自行组织本地区政府债券发行、支付利息和偿还本金，并且实行年度发行额管理，全年发行债券总量不得超过国务院批准的当年发债规模限额。2015年，在总结试点成功经验的基础上，按照新《预算法》和国务院有关规定，地方政府被赋予举债融资职能，地方政府自此正式打开发债融资的大门。地方债自发自还改革面向36个省份全面推开，推动建立“借、用、还”相统一的地方政府债务管理机制，对于加快建立规范的地方政府举债融资机制具有重要意义。

地方政府债券按偿债来源可以划分为一般债券和专项债券，一般债券是指为没有收益的公益性项目发行的债券，专项债券是指为有一定收益的公益性项目发行的债券。一般债券的偿还以本地区的一般公共预算收入作为保证，专项债券的偿还往往以项目对应的政府性基金或专项收入作为保证。按照发行方式可以划分为公开发行债券和定向债券，其中定向承销是指省级政府面向地方政府存量债务中特定债权人，采取簿记建档方式发行地方政府债券，用以置换本地区地方政府相应的存量债务。按照募集资金的用途，可以划分为新增债券和置换债券，2018年增加了再融资债券，以缓解本金到期偿还压力。

地方债置换拉开帷幕，地方政府融资平台不断规范。由于旧《预算法》规定地方政府不得融资举债，但另一方面，经济发展新常态和新兴城镇化对地方政府融资又提出了巨大需求，因此一直以来政府通过设立融资平台，并以地方政府某些项目作为偿还担保，向商业银行借款，这导致地方政府债务在短期内急剧扩张。2013年，国家审计署对中央和地方政府性债务进行了全面审计。审计结果显示，截至2013年6月，地方政府性债务余额实际达到了17.89万亿元，较2010年底增长了7万多亿元。高速扩张的债务所蕴含的风险引起监管当局的高度重视。国务院于2014年10月发布43号文《国务院关于加强地方政府性债务管理的意见》，明确提出要根据“疏堵结合、分清责任、规范管理、防范风险、稳步推进”的基本原则，修明渠、堵暗道，加快建立规范的地方政府举债融资机制；剥离融资平台公司政府融资职能；对甄别后纳入预算管理的地方政府存量债务，各地区可申请发行地方政府债券置换。2015年开展地方政府债务置换工作，推出3.2万亿地方政府置换债，有效地缓解了地方政府的偿债压力。2015年5月，在以公开发行为主要方式的基础上，引入定向承销方式，提高存量债务置换效率。2016年和2017年分别置换了4.88万亿元和2.77万亿元，3年间减少利息负担1.2万亿元，截至2018年8月底，已按要求全面完成地方政府债务置换工作。

在政府有关部门的推动下，地方政府债券发行的市场化水平不断提升。建立了地方政府一般债券续发行制度框架，从续发行时点和券种选择、技术参数设置、账务处理等重点环节着手，2017年财政部指导云南等5省份通过续发行方式发行地方政府债券116.64亿元，扩大了单只债券规模，促进了二级市场流动性的提升。积极拓宽地方债发行渠道，形成了以中央结算公司为主，交易所为辅的发行渠道，并指导地方政府在自贸区发行地方债，支持外资金融机构参与地方政府债券承销，上海市政府在2018年地方债发行中引入两家外资银行加入承销团，促进了投资主体多元化。此外，人民银行、财政部、银保监会联合发布通知，明确地方债可在银行间市场开展柜台业务，进一步拓宽了地方债投资渠道。2018年，财政部明确要求不得采取“指导投标”“商定利率”等非市场化方式干预定价，同时完善地方债信息披露机制，进一步提高了地方债发行的市场化程度。

各类债券的发行改革创新提速。一是金融债发行方式持续创新。2014年，国开行金融债券首次通过中国工商银行柜台面向社会公众发行，拓宽了个人融资渠道，体现了党中央、国务院发展“普惠金融”的部署。2018年8月，政策性金融债柜台市场拓宽承销渠道，政策债首次登陆股份制商业银行和农村金融机构，社会公众稳健投资渠道得到拓展，普惠金融服务质效有效提高；国开债试点弹性招标发行，发行人业务灵活性得到提高，债券收益率稳定性增强。

二是简化信用债券审批流程，推进信用债券发行管理由核准制向注册制过渡。2015年1月，证监会发布修订后的《公司债券发行与交易管理办法》，主要内容包括扩大发行主体范围、丰富债券发行方式、增加债券交易场所、简化发行审核流程、实施投资者分类管理、加强债券市场监管以及强化持有人权益保护等七个方面。公司债的改革促使公司债的发行出现爆发式增长。2015年12月，发展改革委下发《关于简化企业债券审报程序加强风险防范和改革监管方式的意见》，简化企业债券申报程序，提高债券资金使用效率，强化中介机构责任和信息披露，强调事中事后监管。在审核过程中，由第三方机构对申报材料的完备性、合规性进行评估，再由发展改革委进行复核。审核流程缩减至35个工作日，审核效率大大提高。

三是资产证券化发行市场化程度提高。2014年2月，根据证监会有关规定，资产支持转型计划由事先行政审批发行转为基金业协会事后备案和基础资产负面清单管理，极大地提升了专项计划的发行效率。2014年11月，银监会和证监会先后颁布《关于信贷资产证券化备案登记工作流程的通知》和《证券公司及基金管理公司子公司资产证券化业务管理规定》，标志着中国资产证券化正式开启备案制时代。与废除审批制相隔不久，中国基金业协会公布了《关于发布〈资产支持专项计划备案管理办法〉及配套规则的通知》，备案系统已经上线处于试运行阶段。人民银行于2015年4月推出信贷资产支持证券的发行注册制，鼓励一次注册多次发行。同年5月，国务院会议确定新增5000亿元信贷资产证券化试点规模。在一系列政策推动下，资产证券化市场发展日趋常态化，发行管理效率提升，资产证券化业务打开更广阔的发展空间，市场流动性不断改善。

目前，我国债券一级市场建设已处于国际先进水平，得到国际社会认可，国际货币基金组织、世界银行2014年联合修订的《公共债务管理指南》，亚洲开发银行所属的亚洲债券市场倡议秘书处2017年发布的《发展债券市场的良好实践》等都对我国债券一级市场建设情况予以充分肯定，并将其作为成功经验向其他国家推广。

（二）债券市场发行规模不断扩大

债券市场整体发行规模扩大。2013年至2018年，债券市场发行量整体趋势稳步上升。2018年，债券市场共发行各类债券22.60万亿元，比2013年增长约1.6倍。（见图5-1）

从发行场所看，历年在中央结算公司登记发行债券规模最大，占比超过50%；其次是上海清算所，发行债券占比约20%—45%；在交易所发债规模最小，占比约3%—15%。（见表5-1、图5-2）

图5-1：2013年—2018年债券市场发行量趋势图

单位：亿元

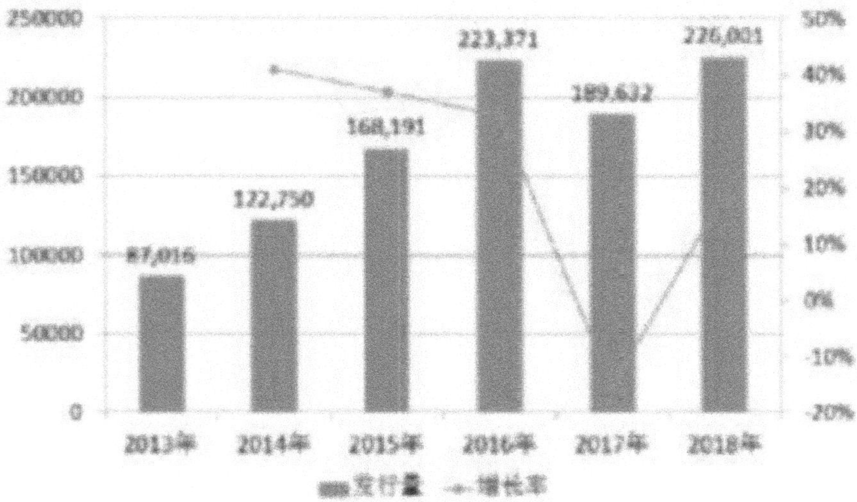

表5-1：2013年—2018年债券市场发行情况表

单位：亿元

金额 年份	中央结算公司登记托管的债券	上海清算所登记托管的债券	中国结算登记托管的债券	全市场
2013	56，453.94	27，845.02	2，717.30	87，016.27
2014	63，518.34	55，383.99	3，847.99	122，750.32
2015	101，176.11	56，240.84	10，773.82	168，190.77
2016	141，368.89	53，450.61	28，551.19	223，370.69
2017	135，795.45	40，695.17	13，141.69	189，632.31
2018	136，678.28	57，147.67	32，174.64	226，000.59

图5-2：2013年—2018年债券市场各发行场所债券发行情况图[1]

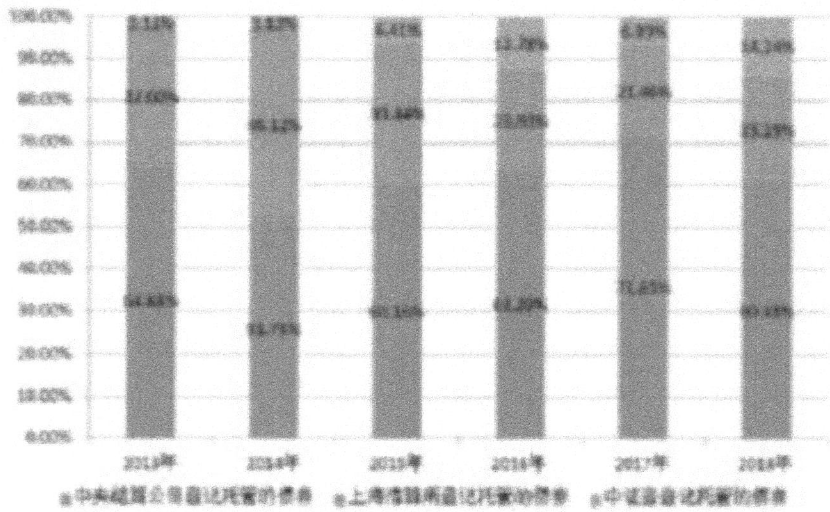

图5-3：中国债券市场存量及其占GDP的比例[2]

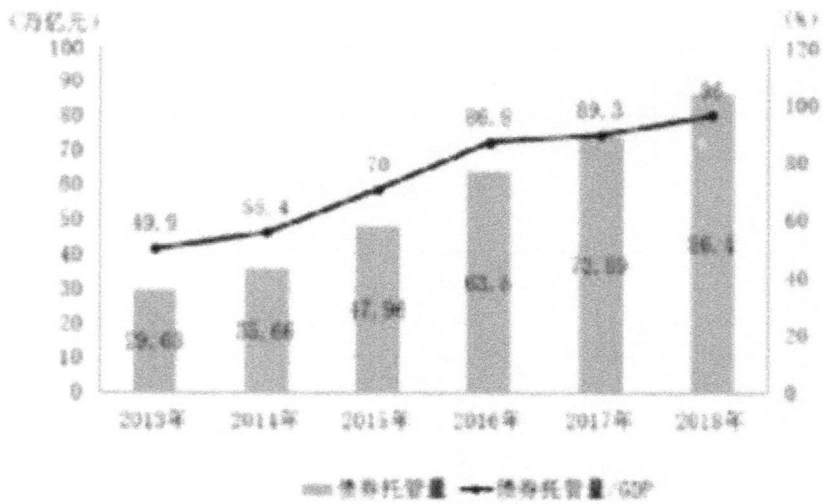

① 数据来源：中央结算公司。

② 数据来源：《中国债券市场2017》、《中国债券市场2018》、中国统计局、《2018年中国金融市场运行情况》。

债券市场的存量规模扩大。债券市场存量是已经发行但尚未到期的债券托管量，这一指标是衡量债券市场流动性和活跃度的重要标准之一。2013年债券市场托管量不到30万亿元，2015年接近48万亿元，2017年达70万元，2018年突破86万亿元，我国债券市场以加速度不断发展壮大。（见图5–3）

“债券托管量/GDP”是反映金融深化程度的重要指标。截至2018年末，全国债券市场托管余额占GDP的比例达到96%，而在2013年末这一比例仅为49.9%①。从这一指标来看，我国债券市场近年来发展十分迅速。（见表5–2）

表5-2：从债券托管量看债券市场发展

	2013年	2014年	2015年	2016年	2017年	2018年
债券托管量（万亿元）	29.68	35.66	47.96	63.5	73.89	86.4
GDP（万亿元）	59.52	64.4	68.55	73.14	82.71	90.03
债券托管量/GDP（%）	49.9	55.4	70	86.8	89.3	96

政府债券发行力度增加。为有效落实党中央、国务院持续实施积极财政政策的决策部署，财政部加大政府债券发行力度。2013—2018年，财政部累计发行国债约13万亿元。（见表5–3）

其中，2013年发行记账式国债52次，合计筹资近1.34万亿元，比2012年增加1337.12亿元。2014年发行59次记账式国债，包括42次关键期限国债和17次非关键期限国债，实际筹资1.43万亿元，平均发行期限为8.35年，比上年延长0—1年。2017年，发行记账式国债144次，发行额3.66万亿。平

① 数据来源：李杨、钱海龙，《中国债券市场 2017》，社会科学文献出版社。

均发行期限7.79年，分别比2015年、2016年延长0.67年、1.24年；平均发行利率3.51%，分别比2015年、2016年提高0.47个、0.95个百分点。

表5-3：2013年—2018年国债发行规模[①]

单位：万亿元

	储蓄国债	记账式国债	外债	国债发行总额
2013年	0.34	134	0.02	1.69
2014年	0.32	1.43	0.03	1.8
2015年	0.3	1.8	0.03	2.13
2016年	0.32	2.31	0.03	2.66
2017年	0.32	3.66	0.03	4.01
2018年	0.34	3.35	0.03	3.72

2013年发行储蓄国债18次合计筹资0.34万亿元，其中发行凭证式国债8次计1186亿元，储蓄国债（电子式）10次计2170亿元。2014年发行19次储蓄国债，包括9次凭证式国债和10次电子式国债，实际筹资0.32万亿元，平均发行期限为3.77年，比上年缩短0.03年。2017年发行18次储蓄国债，包括8次凭证式国债和10次电子式国债，发行额0.32万亿元。平均发行期限4.08年，平均发行利率4.05%，比2015年降低0.67个百分点，与2016年持平。

2013年至2018年，财政部指导地方政府累计发行地方债约18.38万亿元，比前五年增长约17倍。其中，2013年至2014年累计发行地方债0.75万亿元。债务置换推动了我国地方政府债券在2015年后的大发展，2015年全年实际发行地方债3.83万亿元，其中置换债券3.2万亿元，地方债余额达14.75万亿元。2016年，除深圳以外的35个省区市（省、自治区、直辖市、计划单列市）共发行地方债券6.05万亿元，其中，新增债券1.17万亿元，

① 数据来源：财政部网站、大智慧数据库。

置换债券4.88万亿元。在2016年新增债券中，发行一般债券0.76万亿元，发行专项债券0.4万亿元。按发行方式区分，采用公开发行、定向承销方式分别发行地方政府债券4.47万亿元、1.58万亿元。2016年地方债余额9.26万亿元。2017年全年发行地方债4.36万亿元，地方债余额16.47万亿元。截至2018年末，全国地方政府债务余额约为18.39万亿元，较上年末增长25.1%。（见表5-4）

表5-4：2013年—2018年地方债发行规模[①]

单位：万亿元

	种类		用途		地方债发行总额
	一般债券	专项债券	新增债券	置换债券和再融资债券	
2013	–	–	–	–	0.35
2014	–	–	–	–	0.4
2015	2.86	0.97	0.6	3.2	3.8
2016	3.54	2.51	4.88	1.17	6.05
2017	2.36	2	1.59	2.77	4.36
2018	2.22	1.95	2.17	2	4.17

（三）债券品种不断丰富创新

我国债券市场除发行规模增长较快以外，品种也日益多元化，满足了不同类型投资者的需求。主要品种包括同业存单、国债、地方政府债、金融债、企业债、公司债、中期票据、短期融资等等。2013—2018年，各类债券发行量都有所上升，占市场发行量比重和增长速度不尽相同（见图5-4）。下面重点介绍国债和地方政府债、同业存单、金融债、公司债和资产支持证券等。

① 数据来源：财政部网站。

图5-4：2013年—2018年债券市场主要债券品种发行量变化情况[①]

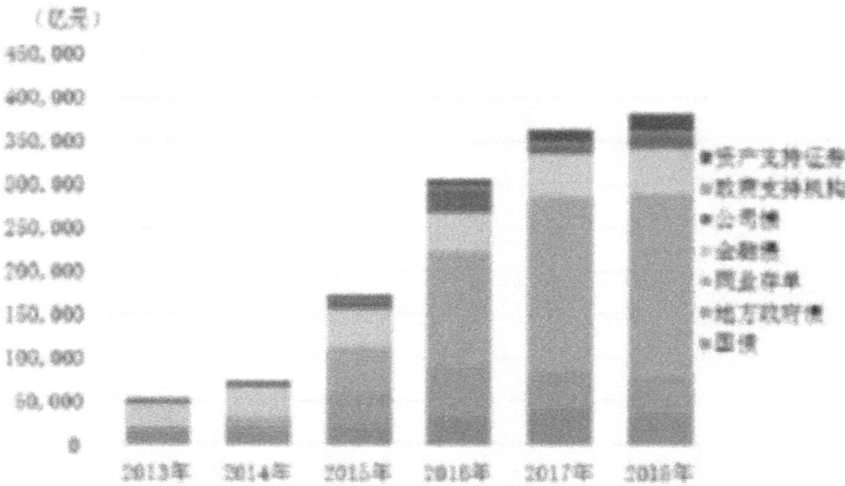

政府债券。国债和地方政府债在品种、主体、期限方面持续创新，满足市场多元化投资需求。国债已形成分别满足机构、个人投资者需求的记账式国债、储蓄国债，期限涵盖3个月至50年的期限品种。地方政府债券发行期限也不断丰富，2018年地方债一般债券增加了2年、15年和20年期，普通专项债增加了15年和20年期。地方政府债券品种持续创新，2017年推出了土地储备等项目收益自求平衡专项债券，全年28个省份发行土地储备专项债券2406.98亿元，12个省份发行收费公路专项债券440.04亿元，深圳市试点发行了轨道交通专项债券20亿元。政府相继出台政策法规，推动地方政府专项债券的发行管理。2018年，首只多地市土地储备项目集合专项债、首只地方政府水资源配置工程专项债、首单棚改专项债相继成功发行，首只地方债开放式基金（ETF）成立；新疆生产建设兵团首次发行地方政府债。

---

① 数据来源：Wind 资讯。

同业存单。同业存单是存款类金融机构在全国银行间市场上发行的记账式定期存款凭证，其投资和交易主体为全国银行间同业拆借市场成员、基金管理公司及基金类产品。同业存单作为同业存款的替代品出现，有助于完善同业借贷市场Shibor报价的短、中、长期利率曲线，推动利率市场化进程。2013年12月，人民银行在银行间债券市场推出了同业存单，以此拉开存款利率市场化改革的序幕。截至2013年12月31日，共发行10只同业存单，发行规模340亿元，包括国家开发银行、工商银行等在内的10家银行成为首批试点机构。由于其可转让、可流通的特点，同业存单相比原有的同业存款有更高的流动性，其利率由资金市场供求变化决定。同业存单推出以来受到商业银行的追捧，发行量激增，2018年，发行量突破21万亿元，极大地丰富了短期债券品种，丰富完善了短期利率体系。

金融债。金融债主要在全国银行间债券市场发行。2013年，国开行在上海证券交易所试点招标发行政策性金融债，金额总计300亿元，标志着银行间市场与交易所市场的互联互通取得实质性进展，有利于金融资产要素自由流动。此后，柜台金融债发行主体不断多元化，券种期限延长，对活跃商业银行柜台债券市场起到了积极作用。金融债分为政策性银行债、商业银行债和非银行金融债，目前，政策性银行债是金融债的主体。2018年，我国债券市场发行金融债约5.25万亿元，其中政策性银行债3.46万亿元，2018年政策性银行金融债共发行3.46万亿元，同比增长5.50%，占金融债比重达66.05%[①]。金融债的品种不断丰富。2015年4月，在人民银行指导下，外汇交易中心和上海清算所在银行间市场推出了标准化债券远期产品，并将国开行金融债作为主力合约，为银行间市场提供了又一个重要的利率风险对冲工具。2015年8月，首批专项建设债券的发行实施方案披

① 数据来源：财汇大数据端。

露，由国开行、农发行向邮储银行定向发行专项建设债券，总规模3000亿元。专项金融债的发行有利于提高金融对接实体经济的效率，发挥政策性金融的乘数效应。

公司债。得益于2015年初《公司债券发行与交易管理办法》的颁布施行，公司债发行规模迅速扩大。2007年—2014年，共发行1472只公司债，2014年发行量为0.87万亿元，而在新规施行后，2015年6月以来公司债的发行量明显超过中票、短融等同类企业融资工具。2016年发行总额高达2.78万亿元，达到历史最高值。公司债券市场自2015年扩容以来，一直不断推出创新品种，近年来推出双创公司债、扶贫债券、住房租赁债券、绿色债券、可续期债券、可交换债券、熊猫债券、“一带一路”债券等。各创新品种发行体量均较大，市场认可度也越来越高。

资产支持证券。我国自20世纪90年代开始探索资产证券化业务。2005年，人民银行与中国银监会颁布《信贷资产证券化试点管理办法》，标志着我国资产证券化业务的正式开启。但受美国次贷危机影响，2008年我国资产证券化业务陷入停顿。2012年，国开行发行2012年第一期开元信贷资产支持证券，资产证券化业务试点重启。2013年6月，国务院常务会议明确提出，在保持宏观经济稳定性、连续性的同时，有序推进改革，优化金融资源配置，用好增量，盘活存量，更好地服务实体经济发展。在“盘活存量”的调控思路下，资产支持证券迎来了大发展时期。2014年，我国共发行281只资产支持证券，发行总额为2192.63亿元。2015年债券市场资产支持证券发行高速增长，共发行886只，发行额为4705.11亿元。总体来看，经历了10余年的发展，资产支持证券的规模有了长足的扩张，2018年末，资产支持证券发行量超过900只，发行额高达2万亿元，存量已达2.6万亿元，占债券总存量的3%（见图5-5、图5-6）。目前，我国资产支持证券主要分为人民银行和银监会主管的信贷资产证券化（信贷ABS）、证监会主管的企业资产证券化（企业ABS）以及交易商协会主管的资产支持票据

（ABN）。其中信贷ABS和发行实行了注册制，企业ABS的发行审核方式实行备案制，资产支持票据发行实行注册制。资产证券化的创新品种层出不穷，参与主体更加多元化，基础资产更加多元化，产品设计日趋成熟。

图5-5：2005年—2018年资产支持证券的发行数量和规模[①]

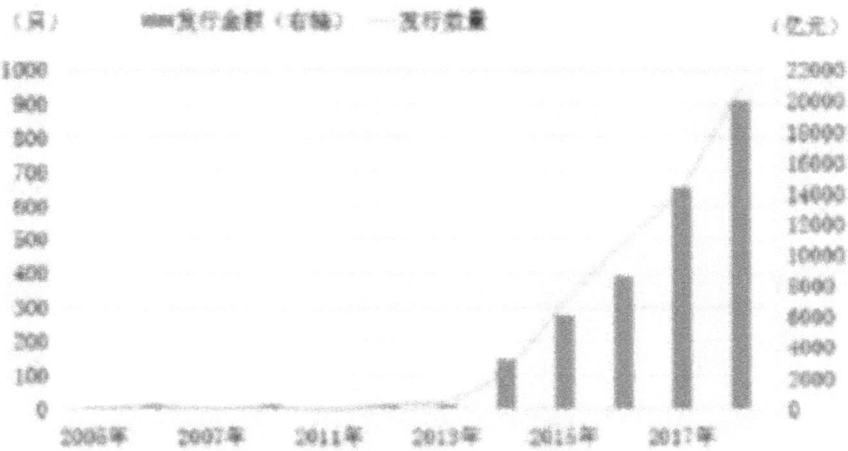

图5-6：资产支持证券发行结构[②]

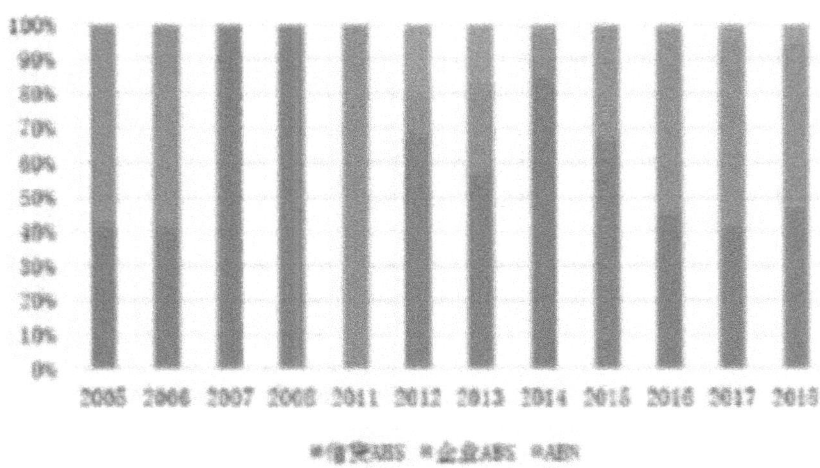

---

① 数据来源：大智慧数据库。

② 数据来源：大智慧数据库。

三、二级市场建设进步显著

（一）二级市场活跃度提高

我国债券市场目前以银行间市场为主、交易所市场和柜台市场为辅，交易方式主要包括现货交易、期货交易和回购交易等。交易规模的扩大是二级市场流动性提升的关键。从2013年至2018年，债券市场交易规模大幅提升，债券现货交易约为541.75万亿元，比之前六年增长约1.7倍，债券回购交易约为3690.7万亿元，比之前六年增长约6倍。（见图5-7）

从交易场所看，银行间市场交易量占我国债券市场总交易量的90%以上，是我国债券市场的主体。债券交易在银行间市场和交易所市场之间的分布是不平衡的，无论是现券交易还是回购交易[①]。银行间市场交易的债券品种齐全，利率债和信用债的种类丰富。交易所市场虽然也有一部分国债、地方政府债，但仍以企业债、公司债数量居多。国债、地方政府债以

① 李杨，钱海龙，《中国债券市场 2017》，社会科学文献出版社，第 251 页。

及符合交易所上市条件的企业债可在两个市场之间相互转托管并在两个市场同时交易。（见表5-6）

图5-7：2007年—2018年债券市场交易量①

单位：亿元

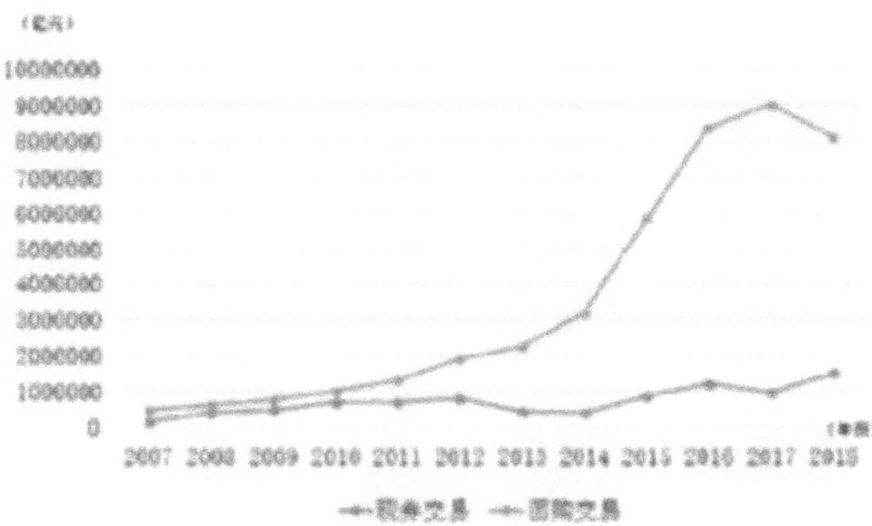

从交易品种看，2018年末，国债和地方政府债占29.61%，比重较去年上升2.96个百分点，结算量同比增长65.85%，其中、地方政府债交易最为活跃，结算量增长410.72%，换手率显著提升；政策性银行债现券结算量占比64.36%，结算量同比增长49.70%，仍为现券交易最活跃的券种；企业债现券结算量占比2.38%，比重较去年下降3.17个百分点，结算量同比下降35.96%。

① 数据来源：中央结算公司、上海清算所、中国结算。

表5-6：银行间、交易所债券交易量比较[①]

单位：亿元，%

年份	现券交易			
	银行间金额	银行间占比	交易所金额	交易所占比
2013	426019	97.69	10070	2.31
2014	395253	96.55	14134	3.45
2015	841518	98.11	16200	1.89
2016	1209575	98.97	12517	1.03
2017	961886	98.43	15347	1.57
2018	1498418	98.91	16585	1.09
年份	回购交易			
	银行间金额	银行间占比	交易所金额	交易所占比
2013	1645215	72.29	630720	27.71
2014	2295303	72.31	878705	27.69
2015	4631452	78.73	1251118	21.27
2016	6082683	72.48	2309506	27.52
2017	6449768	71.42	2581404	28.58
2018	5856903	71.85	2294171	28.15

（二）投资主体不断多元化

随着银行间市场创新产品的推出和基础设施的完善，市场层次更加丰富，运行效率进一步提高，银行间市场的影响日益扩大，正在吸引越来越多境内外机构积极参与市场活动。截至2018年末，银行间债券市场各类参与主体共计20763家。其中境内法人类共2842家，境内非法人类产品共计16735 家，境外机构投资者1186家。

2018年末，银行间市场存款类金融机构持有债券余额43.43万亿元，持债占比57.4%，较上年末下降0.7个百分点；非法人机构投资者持债规模

① 数据来源：《2018 年中国支付清算发展报告》。

21.86万亿元，持债占比28.9%，较上年末提高0.6个百分点。公司信用类债券持有者中，存款类机构较上年小幅下滑，存款类金融机构、非银行金融机构、非法人机构投资者和其他投资者的持有债券占比分别为21.6%、7.5%、70.9%。银行间市场投资者更加多元化，非金融企业投资主体增加较多。此外，境外机构持债规模大幅度上升，2018年末，境外机构持有各类债券1.51万亿元，同比增长50.26%[①]。

从银行间债券市场投资者结构看，商业银行仍是我国债券市场的主体，占据整个市场的66.83%，其次是非法人产品（18.21%）、政策性银行（3.61%）、保险机构和其他（均为2.94%），证券公司、其他金融机构、非金融机构等占比较小。（见图5-8）

图5-8：2018年末银行间债券市场（中央结算公司）的投资者结构[②]

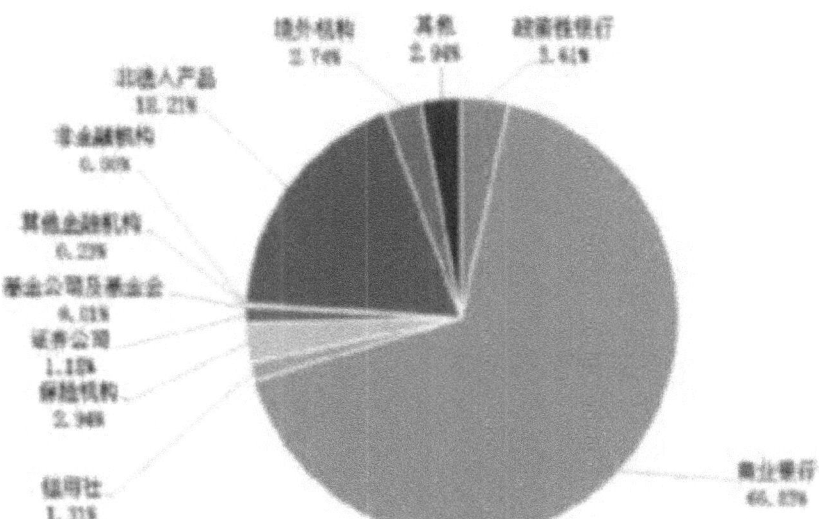

① 数据来源：《2018 年债券市场统计分析报告》。

② 资料来源：根据中国债券信息网有关数据整理

从上海清算所的投资者结构看，截至2018年12月，非法人类产品持仓规模占上清所托管债券的58.55%，商业银行持仓规模约为28.25%，非银行类金融机构占比8.26%，政策性银行占比约3.63%，境外机构和非金融机构法人占比较小，分别约1.27%和0.04%。（见图5-9）

图5-9：2018年银行间市场（上海清算所）的投资者结构①

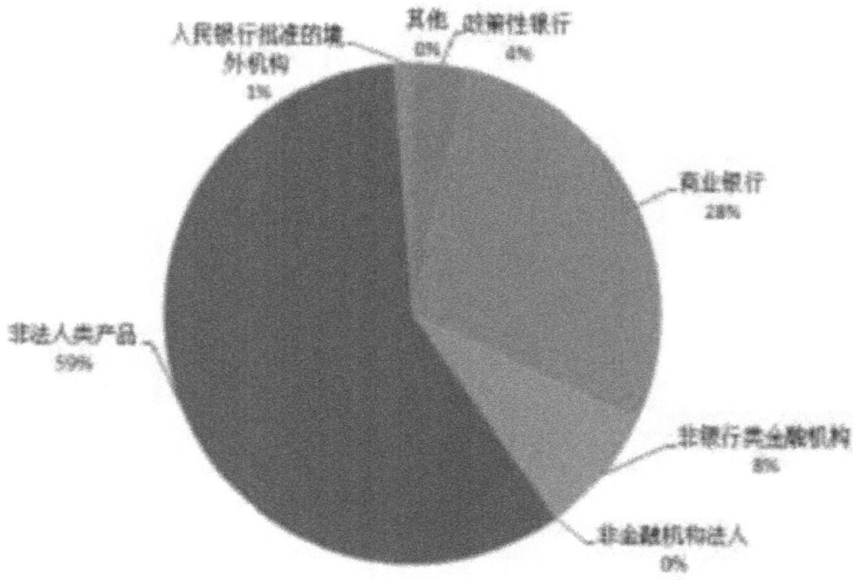

（三）交易机制不断创新

建立并巩固国债做市支持机制。国债做市支持机制是指通过在银行间债券市场运用随买、随卖等工具，对明显供大于求的国债品种，

① 根据上海清算所有关数据整理。

从做市商手中适量买回（随买），对明显供小于求的国债品种，向做市商提供适量国债以供流通（随卖），为银行间债券市场做市商提供国债或资金支持，促进国债二级市场运行机制的完善和二级市场流动性的提高。

2016年9月，财政部会同人民银行发布国债做市支持公告及操作规则等相关制度，明确财政部在全国银行间债券市场运用随买、随卖等工具支持国债做市，保障国债二级市场连续不断运行。2017年，相关操作规则和管理办法逐步出台，机制逐渐细化和完善。2017年6月，中央结算公司发布《中央国债登记结算有限责任公司国债做市支持业务细则》，详细说明了国债随买随卖业务的操作平台情况，明确了参与机构要求和业务处理流程等。2017年6月，财政部开展首次国债做市支持操作，并按照每月一次的操作频率，推动该项操作逐步进入常态化。2017年全年开展随买、随卖操作7次，操作额65亿元。2018年全年共开展操作12次，券面总额206.2亿元。开展国债做市支持操作以来，相关工作开展平稳有序，各方反映良好，有效调节了国债二级市场供求、降低国债市场交易风险、进一步完善了国债收益率曲线，做市支持机制已初见成效。

国债期货时隔18年重新启航。自1995年震惊市场的“327”国债事件后，国债期货被证监会暂停交易。随着我国国内金融市场的发展，国债现货市场和衍生品市场发展取得了长足进步，利率市场化已经有了重大进展，国债市场规模庞大、品种齐全、投资者结构多元化，市场基础设施建设日趋成熟，监管体系和风险防控机制也已相当完善，当年诱发类似“327”国债事件的市场环境已经发生根本改变。随着金融改革的深化，国债期货再次成为市场关注的焦点。在经过市场机构多年准备和监管部门慎重研究后，国务院同意开展国债期货交易，证监会随后批准中金所上市国债期货。2013年9月6日，5年期国债期货成功挂牌上市，TF1312成为首季TF合约，可交割券范围为4—7年。在吸取国际国债期货规则和20世纪90年代国债期货风波教训的基础上，国债期货重启采取了完善的风险管理措施，例如涨跌停限制、最低保交易保证金、梯度限仓制度等。首期国债期货上市以来，运行平稳，交割顺利，国债期现货价格走势联动性良好。这标志着国债期货时隔18年后重新回到中国资本市场的大舞台，为债券市场提供了重要的利率风险管理工具，弥补了衍生品市场的空白，利于实现国债价格发现功能，提升了机构在二级市场交易的活跃度和积极性。

国债期货交易产品体系持续完善，国债期货与现货联动密切。2015年3月，10年期T合约挂牌上市，T1509成为首季TF合约，可交割券范围为6.5—10.25年。10年期国债期货的上市，标志我国国债期货从单品种到多品种的突破，风险管理能力、曲线交易能力进一步提高。同时，5年期合约也顺应10年期合约上市而进行了修改，将可交割券范围从4—7年改为4—5.25年。在已有国债期货品种的基础上，中国金融期货交易所于2018年8月17日推出2年期国债期货，首批上市合约为2018年12月（TS1812）、2019年3月（TS1903）和2019年6月（TS1906），挂牌基准价分别为99.36元、99.08元、98.96元。两年期国债期货的上市，有助于投资者管理短端利率风险，进一步丰富利率风险管理工具，并形成2年、5年、10年关键期限国债期货产品体系，进一步提高了国债市场收益率曲线在期限结构和利差结构等方面定价的有效性。

从整体来看，作为债券市场基础性利率风险管理工具市场，国债期货市场运行质量不断提升。随着期转现交易的启动和做市商制度的落地，国债期货的交易机制日臻完善，在促进债券市场发展、助力健全国债收益率曲线等方面进一步发挥作用。

取消银行间市场交易流通审批。为了让市场更好地在资源配置中发挥决定性作用，中央不断推进债券市场简政放权。2015年5月，根据《人民银行取消银行间债券市场债券交易流通审批》（人民银行公告〔2015〕第

9号），银行间债券市场发行的各类债券，在完成债权登记后无须审批即可在银行间债券市场交易流通。取消流通审批的债券包括但不限于政府债券、中央银行债券、金融债券、企业债券、公司债券及非金融企业债务融资工具等公司信用类债券等。公告还指出，同业拆借中心在收到债券交易信息后，应在1个工作日内办理债券交易流通手续。这意味着银行间市场债券在发行后1个交易日即可上市流通。

债券回购市场交易机制不断完善。一是交易所市场引入协议回购交易。2015年上交所和深交所分别发布交易所债券质押式协议回购交易暂行办法。交易所协议回购扩大了交易所债券市场回购融资的方式，与标准化回购相比，可质押券的范围大幅扩展，交易灵活性大幅提高，进一步提高了交易所债券市场的流动性。二是新增质押式回购匿名点击业务。外汇交易中心于2015年发布《银行间债券市场质押券标准折算率规则》，银行间债券市场参与者通过X-Repo系统发送匿名的正、逆回购限价报价，系统根据机构间双边授信条件，对报价进行一对一匹配成交，未匹配报价在系统中匿名展示，可直接点击成交，成交后正回购方按照统一规则逐步提交质押债券，形成完整回购交易合同，完成交易及结算。债券质押式回购匿名点击交易是中国债券市场交易技术与交易方式的一个重要创新，降低了传统回购方式中的搜索成本，极大地提高了质押式回购的效率。三是引入三方回购交易机制。2018年，上交所、中国结算（中国证券登记结算公司）公布《公司债券质押式三方回购交易及结算暂行办法》，交易所债券市场达成首批三方回购交易。2018年10月，人民银行发布公告，在银行间债券市场正式推出三方回购交易。三方回购是以债券为权利质押，并由第三方提供担保品管理服务的短期资金融通业务。相比交易所市场此前已经推出的标准化质押式回购和个性化协议回购业务，三方回购的标准化程度介于两者之间，通过集中、专业化的担保品管理降低双方协商成本，便利存续期风险管理。三方回购业务的推出有利于满足回购交易担保品精细化管理需

求，降低回购交易成本，提高交易效率，提高债券市场流动性和拓宽金融机构融资渠道。（见表5–5）

表5-5：交易所、银行间债券市场回购交易对比

	交易所			银行间		
	质押式回购	三方回购	协议回购	质押式回购	三方回购	协议回购
交易模式	正逆回购双方分别和中央对手方交易、匿名集中竞价	正逆回购双方一对一撮合，非担保交收	正逆回购双方一对一自行撮合，非担保交收	正逆回购双方一对一自行撮合	正逆回购双方一对一自行撮合	正逆回购双方一对一自行撮合
质押债券要求	高	中	低	交易中心交易的利率债	暂无规定	交易中心交易的债券
标准化程度	高	中	低	高	中	低

（四）建立健全符合市场供求关系的国债收益率曲线

国债收益率曲线是固定收益市场的重要基准曲线，反映无风险收益率在各期限的分布，因此，大多数国家都把国债收益率曲线作为零风险收益率曲线和金融市场重要的基础性定价工具之一。国际上衡量一个国家债券市场成熟度的主要标志之一就是其是否形成了完整、有效的国债收益率曲线。

2013年11月，《中共中央关于全面深化改革若干重大问题的决定》中提出“加快推进利率市场化，健全反映市场供求关系的国债收益率曲线”。自2014年11月2日起，财政部网站每日发布中国关键期限国债收益率曲线，由中央结算公司负责编制提供。此次财政部发布国债收益率曲线是对全会要求的响应，也是中国国债市场发展的标志性成果。

2015年11月，财政部首次公布3个月、6个月的国债收益率，并在此基础上将“中国关键期限国债收益率曲线”改为“中国国债收益率曲线”。短

端国债收益率曲线的优化，进一步完善了国债期限结构，增强了国债收益率在金融市场上的定价基准作用，推进了人民币国际化。在国际货币基金组织发布的《特别提款权定价方法评估报告》中，也将中国国债3个月基准收益率纳入特别提款权利率篮子。2016年6月，人民银行在网站上开始发布我国国债及其他债券收益率曲线，用来反映人民币债券市场各个期限结构的到期收益率，使境内外机构及投资者更加便利地了解和参与我国债券市场，为金融体系提供基础性的市场化定价参考。为进一步推动国债收益率曲线更好发挥定价基准作用，中债金融估值中心有限公司在中债国债收益率曲线基础上发布SKY（上海关键收益率），提高了国债收益率曲线的直观性和使用的便利性，符合国际惯例，也满足了市场需求。在人民银行、财政部和相关各方的共同努力下，国债收益率曲线的编制条件逐渐改善，技术日臻成熟。

专栏三：债券担保品助力金融市场健康发展

担保品是金融市场流动性和风险管理的基础。在众多金融资产中，债券，尤其是高信用等级债券，由于价值稳定、流动性强、易于切割、逆周期性等属性，被市场视为最优担保品。据统计，全球70%以上金融担保品采用债券，美国国债被用作担保品的比例高达90%。进入21世纪以来，在全球推行“巴塞尔III”、交易结算速度进一步加快的背景下，对担保品的有效管理变得重要和复杂。由托管结算机构提供的第三方担保品管理服务将大量闲置证券运转起来成为“隐性现金”，极大地提高了担保品的安全和效率，已被各国市场参与者广泛接受和欢迎。

欧美市场的担保品管理业务始于上世纪90年代，担保品的系统建设从2006年开始。明讯银行、欧清银行、纽约银行和摩根大通等国际托管结算机构都构建了担保品管理系统，大力发展担保品管理业务。国际机构提出“金融市场的未来属于担保品的交易和管理者”，把担保品管理作为新世纪的业务发展战略支柱。标准的担保品管理中心系统能够支持包括支付系统清算业务、中央银行贴现窗口业务、中央对手方业务、金融衍生产品交易、货币市场回购业务、证券借贷业务等在内的诸多业务；服务内容涵盖了担保品分配、估值、替换、追加、返还以及担保品相关托管服务整个过程。

我国债券担保品的应用实践最早从国债回购起步。随着市场化机制的建立和基础设施的完善，债券担保品发展驶入快车道。质押式回购、买断式回购、双边借贷、远期交易以及衍生品交易中使用的保证券和人民银行公开市场操作、大额及小额质押融资业务使用的质押机制等，都与担保品有着密不可分的联系。大量分散的担保品服务已经存在于各项业务之中。此外，市场成员也从效率和成本方面对现行担保品管理业务提出了进一步改革和创新的要求。例如，对于传统的回购业务，市场成员要求实现质押债券的退还、替换和再使用功能；要求提高信用类债券和零碎债券的使用效率；要求简化交易过程，提高交易成功率；要求建立逐日盯市机制等。

另一方面，自2003年以来，金融机构的债券资产大量增加，其流动性风险管理不断加大，对风险管理工具的需求也迅速上升，但交易所标准券的制度缺陷开始逐渐暴露。证券公司挪用托管席位上的客户债券进行回购融资，并不断滚动进行回购交易的行为使资金放大，风险也随之积累。同时，证券公司违规将回购资金大量挪用于股票等风险投资，甚至投资于房地产等回收期较长的项目，并最终因欠库不能及时补足而导致破产，甚至波及银行、信用社等金融机构。由于缺乏集中统一的债券托管结算体系和有效的风险控制，国债期货风波和国债回购事件等问题相继暴露出了严重的金融风险，各方也对回购市场健康发展的根本途径作出了各种修正与尝试。

在此背景下，监管部门从完善风险管控机制的角度对担保品及担保品管理做出明确规定[①]，将担保品管理提升到较为重要的地位，要求金融机构逐步建立担保品管理机制。2009年人民银行颁布了《银行间债券市场债券登记托管结算管理办法》（人民银行令〔2009〕第1号）。根据该办法，中央结算公司作为人民银行指定的银行间债券市场债券登记托管结算机构，被赋予了向市场"提供债券等质押物的管理服务"的职能。

担保品管理业务从此在中国正式获得了生长的土壤，并取得显著的突破。从支持宏观调控到保障微观金融交易，债券担保品逐步渗透到金融市场的方方面面，得到广泛应用。中央结算公司在吸取国内历史教训、学习国际先进经验的基础上，经过十年磨砺，研发与实践相结合，开发建设了多功能、跨市场、国际化的担保品管理服务体系。目前，中债担保品管理服务领域涵盖现货市场、财政政策、货币政策、社保体系、外汇管理、支付结算体系、衍生品市场、贵金属市场、国际财金合作、开发性金融及跨境担保品等多项领域，对标国际先进经验，构建了集中高效的担保品管理系统，实现了担保品运作的规模效应。截至2019年3月，中央结算公司管理的债券担保品余额超过12万亿元，覆盖各类市场机构6000余家，业务规模蔚然可观。中央结算公司安全、

① 如《商业银行资本管理办法》、《中国支付体系发展报告（2008）》、《中国银行间市场债券回购交易主协议（2013年版）》等文件。

高效的担保品管理系统，在管理方式、业务流程和风险控制等方面都能满足各类债券担保品业务的设计需要，已迈入国际先进行列，并成为国际上最大的债券担保品管理平台，在更高层次上支持市场的不断创新和健康发展。

四、市场进入法制化发展轨道

通过出台一系列法律制度、部门规章、行业自律规章以及市场主协议，为完善债券发行管理机制、提高发行效率提供政策和法律依据，构建了涵盖债券市场从发行到管理全流程的法律法规制度框架，形成了依法依规管理债券市场的基本格局，债券市场进入法制化发展轨道。

（一）出台相关法规对债券市场做市业务进行规范

在国际成熟债券市场中，做市商居于场外市场的核心位置，债券二级市场的大多数交易都是由做市商完成。随着相关政策出台，我国银行间债券市场做市商制度取得了长足的发展，业务规则不断细化，做市商的权利和义务更加明晰，做市商队伍不断壮大。

2014年，全国银行间同业拆借中心发布《银行间债券市场尝试做市业务规程》，规范尝试做市业务，扩大做市商队伍。全国银行间同业拆借中心制订了《全国银行间同业拆借中心报价商与非金融机构合格投资人债券交易规则》（中汇交发〔2014〕255号），初步进行银行间债券市场分层，做市商向非金融机构投资者匿名点击成交报价，允许报价商向投资人发送的报价可与其向交易系统成员发送的报价存在价差。2016年8月，中国银行间市场交易商协会发布《银行间债券市场做市业务指引》及《银行间债券市场做市业务评价指标体系》，进一步促进银行间债券市场做市业务规范发展，完善做市机构激励约束机制。2017年1月，财政部发布《国债做市支持操作现场管理办法》，对国债做市的竞价细节等进行了规定。2017年6月，中央结算公司发布《中央国债登记结算有限责任公司国债做市支持业务细则》，详细说明了国债随买随卖业务的操作平台情况，明确了参与机构要求和业务处理流程等。

做市商制度的不断完善有助于落实政府部门关于完善多层次债券市场体系的要求，提高银行间债券市场流动性，降低信息不对称，促进市场实现价格发现功能。

（二）地方政府债券发行机制改革全面推进

出台法律和政策性法规，推动地方债自发自还从试点到全面推开。旧《预算法》并没有赋予地方政府举债融资功能，为了满足庞大的资本性支出，地方政府主要通过融资平台公司、事业单位等方式举借政府性债务。同时，由于缺乏全面系统的管理机制，某些地区违法违规融资较为普遍，债务管理“借、用、还”脱节，多头举债问题突出，债务资金大多没有纳入预算管理，举借和使用缺乏人大和社会的监督，一定程度上造成地方政府债务大量积累、地方政府债务风险高企。地方政府性债务问题事关全局，党中央、国务院高度重视。2014年，经国务院批准，上海、浙江、广东、深圳、江苏、山东、北京、江西、宁夏、青岛，试点地方政府债券自发自还。同时，财政部发布的《2014年地方政府债券自发自还试点办法》，对债券发行额度管理、期限、利率确定，以及开展债券信用评级、推行市场化运作等予以了明确，这标志着地方政府市场化融资迈出关键一步。

2014年8月31日，全国人大常委会审议通过《预算法》修正案，规定经国务院批准的省、自治区、直辖市的预算中必需的建设投资的部分资金，可以在国务院确定的限额内，通过发行地方政府债券举借债务的方式筹措。2014年10月2日，国务院出台《国务院关于加强地方政府性债务管理的意见》（国发〔2014〕43号），提出赋予地方政府依法适度举债权限；建立规范的地方政府举债融资机制，地方政府举债采取政府债券方式；没有收益的公益性事业发展确需政府举借一般债务的，由地方政府发行一般债券融资，主要以一般公共预算收入偿还。随着《预算法》（2014年修订版）和43号文的颁布，地方政府债的发行管理从2015年开始进入了一个全新的规范发展阶段。财政部于2015年3月16日下发《地方政府一般债券发行管理暂行办法》（财库〔2015〕64号），明确了一般债券由各地按照市场化原则自发自还，省、自治区、直辖市依照国务院下达的限额举借的债务，将地方政府债务全部纳入预算管理。这标志着地方发债经历了财政部代发、财政部代发及自行发债并行、自发自还试点之后，自发自还改革面向36个省区市（省。自治区、直辖市、计划单列市）全面推开，推动建立“借、用、还”相统一的地方政府债务管理机制。建立招标发行、信用评级、信息披露等各项机制，奠定地方债市场化发行的制度基础。这一方式对创新和完善地方政府举债融资机制、强化市场约束、控制和化解地方债务风险等具有重要意义。

规范地方债的发行管理工作。一是规范地方政府举债融资行为，控制地方融资平台过快增长。2016年底以来，国务院和财政部针对地方政府债务和平台公司融资管理的相关政策密集出台。2017年，财政部发布《新增地方政府债务限额分配管理暂行办法》，对新增地方政府债务限额分配管理作出明确规定，旨在全面清理整顿地方政府违规担保、通过平台公司违规举债、利用PPP变相增加政府债务等违规行为。同年5月，财政部牵头发布《关于进一步规范地方政府举债融资行为的通知》，通过健全地方政府融资机制、建立跨部门联合监测机制和推进地方政府信息公开规范等措施规范地方政府举债融资行为。

二是加强地方政府专项债券管理。2018年10月，国务院办公厅发布《国务院办公厅关于保持基础设施领域补短板力度的指导意见》（国办发〔2018〕101号），要求完善地方政府专项债券制度。2018年8月，财政部通过印发《关于做好地方政府专项债券发行工作的意见》（财库〔2018〕72号），加快专项债券的发行进度，提升发行市场化水平，优化债券发行程序，加快专项债券资金拨付使用。

三是推进地方政府债券发行工作。2015年5月，财政部、人民银行、银监会联合印发《关于2015年采用定向承销方式发行地方政府债券有关事宜的通知》，指出“对于地方政府存量债务中的银行贷款部分，地方财政部门应当与银行贷款对应债权人协商后，采用定向承销方式发行地方债予以置换。对于地方政府存量债务中向信托、证券、保险等其他机构融资形成的债务，经各方协商一致，地方财政部门也可以采用定向承销方式发行地方债予以置换”，正式引入定向承销方式促进地方政府存量债务置换工作。2018年，财政部印发《地方政府债券公开承销发行业务规程》，实行地方政府债券公开承销制度，并从地方政府债券公开承销参与方、流程、现场管理等方面规范地方政府债券发行方式；印发《地方政府债券弹性招标发行业务规程》，明确地方政府一般债券、专项债券（含项目收益与融资自求平衡的专项债券），可采用弹性招标方式发行，保障地方政府债券发行工作顺利开展，防范地方政府债券发行风险。2018年9月，银保监会下发《关于商业银行承销地方政府债券有关事项的通知》，取消了商业银行承销地方债限额。11月，人民银行等三部委发布《关于在全国银行间债券市场开展地方政府债券柜台业务的通知》，地方债发售渠道扩容，促进了多层次债券市场建设。

建立健全地方政府性债务风险预警机制。伴随我国经济发展进入新常态，宏观调控重心由“稳增长”向“防风险”转变，防范地方政府债务风险是牢牢守住不发生系统性风险底线的必然要求与重中之重，受到政府部门的高度重视。习近平同志在中央经济工作会议上多次强调，要把控制和化解地方政府性债务风险作为经济工作的重要任务，把短期应对措施和长期制度建设结合起来，做好化解地方政府性债务风险各项工作；要有效化解地方政府债务风险，做好地方政府存量债务置换工作；加强源头规范，把地方政府性债务分门别类纳入全口径预算管理，严格政府举债程序。党的十八届三中全会提出，要建立规范合理的中央和地方政府债务管理及风险预警机制。国务院在2014年10月出台的《关于加强地方政府性债务管理的意见》（国发〔2014〕43号）中明确提出“建立地方政府性债务风险预警机制”，加强地方政府性债务分类管理，通过指标设计和测算，建立风险评估体系，根据风险等级不同采取差异化管理措施。2016年10月，国务院颁布施行《地方政府性债务风险应急处置预案》，对地方政府性债务风险应急处置作出总体部署和系统安排。2017年7月的全国金融工作会议针对地方政府债券首提终身问责并倒查责任，将对地方政府债券的风险管控提到前所未有的高度。

（三）加强债券市场管理水平

完善信用评级制度。信用评级制度是防范债券市场信用风险的重要制度安排，也是债券市场化进程中的重要一环。政府对信用评级高度重视，人民银行在《2017年第三季度中国货币政策执行报告》中提出要“完善债券市场信息披露和信用评级制度建设”。针对我国评级行业法律的整体性、针对性和操作性不强的问题，我国有关政府部门、行业协会陆续出台相关政策、规则，不断完善评级制度，规范评级行业的发展，为我国信用评级行业的发展创造积极的环境。

2014年6月，国务院颁布实施《社会信用体系建设规划纲要（2014-2020）》，提出要推动并规范信用评级行业发展；培育发展本土评级机构，增强我国评级机构的国际影响力；探索创新双评级、再评级制度。2015年1月，中国证券业协会发布《证券市场资信评级机构评级业务实施细则（试行）》，进一步规范证券市场资信评级机构的证券评级活动。2018年3月，交易商协会发布《银行间债券市场信用评级机构注册评价规则》及配套的制度，正式接受境外评级机构以境外法人主体或境内法人主体方式申请注册，并与境内信用评级机构平等对待。这一制度有利于促进信用评级机构的良性竞争，满足境内外投资者的相关需求。2018年9月，人民银行、证监会联合发布2018年第14号公告，围绕逐步统一银行间和交易所债券市场评级业务资质，加强对信用评级机构监管和监管信息共享，推进信用评级机构完善内部制度，统一评级标准等进行规范，加强了债券市场信用评级行业统一监管。

提高债券市场风险管理水平。党的十八大以来，政府始终把防范和化解金融风险、加强金融监管、维护金融安全和稳定作为重点工作。2013年，由于“代持养券”对债券交易和市场运行带来的风险，银行间债券市场监管迅速升级。人民银行发布2013年第8号公告，要求“银行间市场全部债券交易通过全国银行间同业拆借中心系统达成，交易一旦达成不可撤销和变更”，此举进一步规范了银行间债券市场交易结算行为。紧接着人民银行又于8月发布了2013年第12号公告，提出“强化银行间债券市场券款对付结算规则，要求市场参与者进一步建立健全内控机制，明确岗位职责，规范操作流程，加强防范市场风险，提高市场效率”。2018年1月，人民银行、证监会、保监会联合印发《关于规范债券市场参与者债券交易业务的通知》，要求各债券交易机构或部门要完善债券交易业务部门间以及业务部门和其余部门间的隔离，同时加强合规性审查，健全债券交易相关的各项内控制度，规范交易行为，债券交易业务更加透明化。

加强债券市场信息披露。为减少债券市场交易信息透明低带来的交易异常，规范债券交易，监管当局出台一系列加强信息披露的措施，对关联账户交易、重大金额交易等敏感交易行为做出了组致的披露要求。2014年，中国银行间交易商协会发布《银行间债券市场债券交易自律规则》，规定法人机构投资者要强化内控机制建设，前中后台分离，实现自营业务和客户业务的账户隔离。2015年，《全国银行间同业拆借中心债券交易流通规则》（中汇交发〔2015〕第203号）明确了对特定交易行为的披露要求。2017年12月，中国外汇交易中心印发《中国外汇交易中心暨全国银行间同业拆借中心信息披露及使用管理方法》（中汇交发〔2017〕489号），对信息披露文件提交、信息披露管理、信息使用等方面进行了非常详尽的规定。

加强债券市场统一监管，提高执法工作水平。为深入贯彻落实党的十九大和全国金融工作会议精神，优化监管资源配置，健全金融监管体系，牢牢守住不发生系统性金融风险的底线，2018年12月，人民银行、证监会、发展改革委联合发布《关于进一步加强债券市场执法工作有关问题的意见》，明确由证监会依法对银行间债券市场、交易所债券市场违法行为开展统一的执法工作，对涉及公司债券、企业债券、非金融企业债务融资工具、金融债券等各类债券品种的信息披露违法违规、内幕交易、操纵证券市场以及其他违反证券法的行为，依据证券法有关规定进行认定和行政处罚。《意见》的发布是监管首次明确证监会对债券市场的统一执法权，并进一步明确了债券市场不同监督管理部门的监管职责，是完善我国债券市场管理制度的重要举措。

五、基础设施建设成就突出

随着债券市场向更有广度、深度的方向稳步快速发展，国家政策和战略部署对金融基础设施建设提出了更高的要求。2013年，党的十八届三中全会《决定》要求“加强金融基础设施建设，保障金融市场安全高效运行和整体稳定”；国家“十三五”规划纲要提出“建立安全高效的金融基础设施”；《国务院关于进一步促进资本市场健康发展的若干意见》（国发〔2014〕17号）要求“深化债券市场互联互通”；第五次全国金融工作会议作出“加强金融基础设施的统筹监管和互联互通，推进金融业综合统计和监管信息共享”的指示精神。我国债券市场基础设施建设日趋完善，逐步形成托管结算机构与交易平台互联互通、统筹发展的市场架构。

（一）积极推动基础设施互联互通

跨市场发行与转托管不断持续推进。根据《全国银行间债券市场柜台业务管理办法》（人民银行公告〔2016〕第2号）以及国家发展改革委2014年发布的《企业债券簿记建档发行业务指引（暂行）》和《企业债券招标发行业务指引（暂行）》的相关规定，中央结算公司与中国结算、上交所、深交所开展互联互通。中央结算公司作为总托管人，履行登记托管、结算、代理本息兑付及信息披露职责，中国结算就上交所、深交所交易的跨市场品种分别在中央结算公司开设代理总账户。债券跨市场发行有利于形成统一的债券市场价格和收益率曲线，夯实我国利率市场化的基础。截至2018年末，跨市场发行的债券超过5000期，发行量超过40万亿元。迄今，中央结算公司办理跨市场转托管操作累计超过7万亿元。

通过债券产品创新推动与多元化市场中介互联互通。2015年，中央结算公司与中国金融期货交易所（简称“中金所”）联网合作，在我国期货市场启动债券冲抵期货保证金制度，减少期货会员人民币资金的实际占用成本。2017年，中央结算公司与中金所联网合作，支持国债期货实物交割券款对付结算，首次实现了跨市场全电子化的系统对接，加强了期、现货市场互联互通，巩固了多层次金融市场格局。2018年9月，中央结算公司与中金所深化合作，通过担保品系统中的“转质押”模式来支持期货市场分层结算的需求。2016年，中央结算公司与上海黄金交易所（简称“上金所”）联网合作，上金所国际板的国际会员可利用其在中央结算公司托管的合格债券作为保证金，从而减少国际会员人民币资金的实际占用成本。此外，中央结算公司与上金所不断深入合作，通过拓展人民币债券担保品在贵金属市场的应用范围，促进债券市场与贵金属市场实现全面的互联互通。2018年，在人民银行的指导下，中央结算公司和上海清算所开展互联互通，将托管在中央结算公司和上海清算所的债券纳入中期借贷便利系统进行统一管理，实现跨系统跨品种担保品管理。

基础设施跨境互联互通不断加强。2015年，中央结算公司与韩国中央托管机构联合提出“中韩债市通”方案，相关基础设施合作写入中韩金融合作声明。2017年，中央结算公司与国际中央托管机构明讯银行合作研究，充分考虑中国银行间债券市场的特点，尊重市场监管框架和基本制度安排，提升境外投资者入市便利。2018年10月，中央结算公司与加拿大TMX交易所集团探索研究通过境内金融基础设施互联，进一步提升我国债券市场开放水平。2018年11月，外汇交易中心与彭博公司通过交易平台连接，支持境外机构投资者通过直接或间接入市模式进入银行间债券市场。此外，中央结算公司不断推进人民币债券担保品的跨境使用，不断完善多品种、多层次、多平台的担保品机制，推动人民币债券纳入国际合格担保品池。这进一步扩大了中国债券市场的开放，有利于持续提升市场基础设施服务能力。

2017年，境内债券市场与香港债券市场互联互通，建成“债券通”的“北向通”机制，允许境外投资者通过香港与内地债券市场基础设施机构连接，买卖香港与内地债券市场交易流通债券。交易端方面，境内使用外汇交易中心的本币交易系统及请求报价交易功能，境外使用经人民银行认可的合格交易平台；托管方面，采用多级托管模式，中央结算公司和上海清算所承担一级托管职能，香港金融管理局债务工具中央结算系统（Central Moneymarket Unit，CMU）承担二级托管职能；资金清算方面，通过人民币跨境支付系统（CIPS）办理，境内做市商、CMU通过直接代理方式接入CIPS系统，境外投资者通过CMU或代理行进行资金收付。“债券通”是我国金融基础设施跨境互联的又一重要事件，是境内支持香港金融发展的特殊安排，为境外中小投资者提供了间接进入境内债券市场的渠道。“债券通”上线以来，业务运行平稳，持有量稳步增长。截至2018年末，“债券通”下的境外机构持债规模约1800亿元，约占境外机构全部持有境内债券总量的10%。“债券通”下户均持债不到4亿元。

（二）支付系统不断完善

全面推行券款对付（DVP）结算机制。根据人民银行2013年第12号公告等相关规定，银行间债券市场结算方式统一为券款对付（DVP）。在中央结算公司的推动下，已基本实现全银行间市场券款对付（DVP）结算机制。截止2015年12月31日，银行间市场参与DVP结算的成员总计9258家；2015年债券结算笔数和金额分别达到150.34万笔、466.57万亿元，分别同比增长52.17%、90.49%。

实现人民银行第二代支付系统配套升级改造。中央结算公司配合人民银行二代支付系统（The 2nd generation of China National Advanced Payment System，CNAPS2）改造项目于2011年5月启动，经过三年开发建设，重建了支付前置和支付服务系统，优化提升了系统各项功能。该项目于2014年6月顺利投入运行，为我国金融基础设施全面升级换代做出了贡献。

人民币跨境支付系统（Cross-border Interbank Payment System，简称CIPS）启动并全面投入使用。随着人民币国际化稳步推进，人民币跨境支付结算需求不断增长，对支撑人民币国际化的金融市场基础设施提出了更高要求。为进一步整合现有人民币跨境支付结算渠道和资源，提高跨境清算效率和交易的安全性，构建公平的市场竞争环境，人民银行组织建设CIPS（一期），并于2015年10月8日正式启动。CIPS（一期）的主要功能是便利跨境人民币业务处理，支持跨境货物贸易和服务贸易结算、跨境直接投资、跨境融资和跨境个人汇款等业务。系统上线运行后，大大提高了跨境清算效率，标志着人民币国内支付和国际支付统筹兼顾的现代化支付体系取得重要进展。

2018年5月2日，人民币跨境支付系统（二期）全面投产，进一步提高人民币跨境资金的清算、结算效率。相比一期，在功能特点上进行了改进和完善。首先在运行时间上实现对全球各时区金融市场的全覆盖。其次，拓展了直接参与者类型，引入金融市场基础设施类直接参与者，明确不同类型参与者的准入条件。此外，CIPS（二期）在CIPS（一期）实时全额结算（RTGS）模式的基础上引入定时净额结算（DNS）模式，实现混合结算功能。

（三）中央对手方清算机制建设继续推进

自2009年11月上海清算所作为服务场外市场的中央对手方清算机构成立以来，业务覆盖面逐渐扩大，逐渐建立对标国际的中央对手方清算机制。中央对手方清算机制的建立是银行间市场基础设施和市场机制建设的重要举措，致力于在场外交易中提高交易效率和透明度。

中央对手方业务进一步发展，市场渗透力不断增强。一是债券净额清算业务进一步拓展。经人民银行批准，上海清算所将现券净额清算业务从2015年3月30日开始进一步拓展为债券交易净额清算服务，将现券、质押式回购、买断式回购进行统一轧差处理，并将其适用于上海清算所登记托管的固定收益产品的净额清算业务，进一步将债券净额业务的参与者分为债券净额普通清算会员、债券净额综合清算会员和非清算会员。2014年在上清所清算的债券现券CCP共2331笔，清算面额3733.45亿元，结算金额3776.60亿元。二是利率互换实现强制集中清算。场外衍生产品中央对手方清算可以降低市场参与者的交易成本，提高市场透明度，避免市场成员违约产生的系统性风险。从全球发展状况来看，场外衍生产品中央对手方清算是大势所趋。2014年1月28日，人民银行发布《关于建立场外金融衍生产品集中清算机制及开展人民币利率互换集中清算业务有关事宜的通知》，要求全国银行间债券市场参与者达成的人民币利率互换等场外金融衍生产品交易，应按要求进行集中清算，上海清算所提供集中清算服务。我国成为继美国、日本之后，全球第三个实现场外衍生产品集中清算的国家。

对标国际专业清算机构，促进国际交流和国际标准统一。全球中央对手方协会（CCP12）2016年落户上海，2017年11月发布CCP12量化披露实务标准（“外滩标准”）。

（四）政策助力金融基础设施建设

为加强金融基础设施建设，促进金融市场安全高效运行和整体稳定，履行国际组织成员职责，人民银行和证监会分别发布了《人民银行办公厅关于实施〈金融市场基础设施原则〉有关事项的通知》（银办发〔2013〕187号）、《关于实施〈金融市场基础设施原则〉有关事项的通知》（证监办发〔2013〕42号），贯彻落实国际清算银行支付结算体系委员会（CPSS）和国际证监会组织（IOSCO）发布的《金融市场基础设施原则》（Principles for Financial Market Infrastructures，以下简称《原则》）。人民银行与证监会以《原则》为标准监督管理国内金融市场基础设施，并统一部署全国的金融市场基础设施依照《原则》开展评估工作。

境内金融基础设施一是严格按照《金融市场基础设施原则》（PFMI）等国际标准，建立了完整、高效、先进的风险管理体系，二是主动接受国际监管评估，积极推进跨境监管认证工作。配合人民银行参与国际货币基金组织和世界银行对中国的金融体系稳定评估（FSAP），评估结果良好。

六、债券市场对外开放程度不断提升

（一）人民币债券指数体系不断完善

人民币债券指数体系成为国际债券市场投资的参考基准，有效地配合利率市场化和人民币国际化进程。2018年，中央结算公司子公司——中债金融估值中心有限公司（简称“中债估值中心”）发布中债—SDR人民币三个月固定期限利率指数和中债—金融机构人民币超额存款准备金利率指数，作为世界银行人民币投资的业绩参考基准；中债估值中心与境外信息商IHS Markit在上海联合发布中债iBoxx指数，是第一只运用中国债市基准价格打造发布的全球品牌人民币债券指数，遵照国际证监会组织（IOSCO）和欧盟基准监管（BMR）的标准，聚焦境外投资者高度关注的政府债及政策性银行债券。首批发布的中债iBoxx政府债及政策性银行债指数，是以境内发行的国债、政策性金融债和央票作为成分券计算，能够向境外投资者提供一整套指数指标和成分券指标。此外，2018年3月，彭博宣布将以人民币计价的中国国债和政策性银行债券纳入彭博巴克莱全球综合指数，这标志着以人民币计价的中国债券将成为继以美元、欧元、日元计价之后的第四大货币债券，是中国融入全球金融市场的重要一步。

人民币债券指数应用不断拓展。中债估值中心编制系列中债绿色债券指数，并在卢森堡交易所发布。使用中债基准的人民币债券指数基金陆续在境外面市。

2019年6月，中债估值中心成功发布中资美元债估值、指数等系列产品，满足境外投资人的需求，提升了境内估值信息机构的国际影响力。

2018年中债估值中心与IHS Markit在上海联合发布中债iBoxx指数

（二）建立健全境外主权债券发行机制

2017年，财政部在香港成功发行五年期和十年期共20亿美元主权债券，这是时隔13年我国重启境外美元国债发行，获得市场投资者踊跃认购。境外主权债券的期限品种不断丰富，由最初两年、三年、五年期的品种，逐步增加到了七年、十年、十五年、三十年的品种，为国内机构境外融资提供了定价基准，也受到全球投资者的欢迎。境外主权债券的成功持续发行和相关机制安排，有助于改善中国主权债务的币种结构和外债的期限结构，降低境内机构境外融资成本，巩固并提升了香港作为国际金融中心的地位，加大债券市场对外开放的深度和广度，配合“一带一路”战略的发展。

2018年11月，人民银行首次在香港发行离岸央行票据，有利于丰富香港人民币产品和流动性管理工具，也推动形成香港离岸收益率曲线，促进人民币国际化进程。

2019年7月，财政部在澳门首次发行国债。此次发行面向机构投资者发行17亿元，面向零售的澳门居民发行3亿元，受到离岸市场欢迎。本次发行有利于加快推进澳门债券市场发展，对于澳门的人民币业务发展具有重要意义。

中央结算公司为首单澳门国债发行提供了全面支持，为推进澳门本地债券发行登记结算等基础设施建设作出积极贡献。中央结算公司与澳门基础设施机构互联，并签署合作备忘录。

（三）境外机构投资者入市规模快速增长

随着人民币国际化进程不断深入，中国债券市场的大门正在逐步向全球投资者敞开。境外机构参与中国境内债券市场的途径也进一步拓展并规范。2015年6月，人民银行发布通知，规定已获准进入银行间债券市场的境外人民币业务清算行和境外参加银行可开展债券回购交易，包括债券质押式回购和买断式回购。同年7月，人民银行发布通知，大幅放开对境外人民银行、国际金融组织、主权财富基金三类机构在银行间市场的投资限制，上述机构可在银行间市场开展债券现券、回购、借贷、远期以及利率互换等人民银行许可的交易。2016年，人民银行发布公告，引入更多符合条件的境外机构投资者，取消投资限额，简化管理流程。2017年11月，人民银行发布《境外商业类机构投资者进入中国银行间债券市场业务流程》，作为2016年5月文件的补充。结合2016年5月人民银行上海总部发布的《境外机构投资者银行间债券市场备案细则》，以及外汇交易中心、中央结算公司和上海清算所联合发布的《境外机构投资者进入银行间债券市场联网和开户操作指引》，形成了境外机构投资银行间债券市场的完整的法规体系。

2013年，人民银行发布《关于合格境外机构投资者投资银行间债券市场有关事项的通知》，正式规定符合要求的QFII可以申请投资于境内银行间债券市场。同年，人民银行、证监会和外汇局联合发布《人民币合格境外机构投资者境内证券投资试点办法》，进一步扩大了试点范围并放宽了产品限制。2018年6月外汇局发布《合格境外机构投资者境内证券投资外汇管理规定》，取消对QFII、RQFII的多项要求，进一步便利跨境证券投资。为满足境外投资者对中国资本市场日益增长的投资需求，2019年1月，经国务院批准，合格境外机构投资者（QFII）总额度由1500亿美元增加至3000亿美元。根据外汇局数据，截至2019年4月末，共有QFII290家，累计批准额度约1058亿美元；RQFII214家，累计批准额度约6707亿美元。

财政部、税务总局发布《关于境外机构投资境内债券市场企业所得税增值税政策的通知》，对境外机构投资境内债券市场取得的债券利息收入暂免征收企业所得税和增值税，政策期限暂定3年，进一步提高了债券市场吸收境外资本的能力。

经过各方努力，2018年参与银行间债市的境外机构数量达到1186家，而2013年仅为138家，表明中国债券市场开放力度不断加大，对外资的吸引力不断增加。2018年中国债市的外资净流入规模约为1000亿美元，占新兴市场80%。其中，约90%的境外机构通过直投模式，其余通过“债券通”间接模式。

（四）熊猫债券发行不断扩容

2005年，境外机构债券（又称“熊猫债”）在银行间债券市场拉开发行序幕。从2005年至2009年，由于熊猫债发债主体仅限于开发性金融机构，以及中国资本账户开放和中国债市发育程度整体较低的原因，熊猫债整体发行规模较小，累计仅为40亿元人民币。2014年，熊猫债发行重启，发行主体也更加多元化，从最早的国际开发机构拓展到外国政府、商业银行、非金融企业和产业企业。2015年以来，随着人民币国际化进程的加快，特别是人民币作为第五种国际货币加入特别提款权（SDR），使得境外机构投资者投资境内债券市场的热情高涨，中国债券市场对外开放力度增加，熊猫债发行也进入迅速增长阶段。2015年发行规模达130亿元，2016年发行规模达1262亿元。2016年3月，熊猫债首次登陆交易所债券市场，实际发行规模为10亿元。此外，熊猫债券的发行定价市场化程度不断提高。2005年—2009年熊猫债券的发行机构多为开发性金融机构。2014年以来，随着发行量的扩大，发行利率更能反映市场整体情况和发行人信用资质，基本实现了市场化定价。

熊猫债券发行进一步规范。2018年9月，人民银行、财政部联合发布《全国银行间债券市场境外机构债券发行管理暂行办法》（以下简称“办法”），原《国际开发机构人民币债券发行管理暂行办法》正式废止。《办法》进一步明确了境外机构在银行间债券市场发债所应具备的条件和申请注册程序等，并就监管主体、发行主体、中介机构、信息披露和会计准则等事项进行了规范，进一步提升了熊猫债券监管的协调性和统一性。这是我国2005年推出熊猫债以来首部系统性的熊猫债发行管理办法，是我国银行间债券市场国际化发展的一个重要里程碑。发行规则的明确化提升了熊猫债券发行制度的透明度，进一步增强了银行间债券市场对国际发行人和投资者的吸引力。

到2018年末，“熊猫债”累计发行规模将近2000亿元。发行主体逐渐多元化，包括国际开发机构、外国政府机构、境外金融机构和企业。

（五）积极开展“一带一路”债券试点

为贯彻十九大报告提出的“要以‘一带一路’建设为重点，坚持引进来和走出去，遵循共商共建共享原则，加强创新能力开放合作”的重要指示，2018年3月，沪深交易所制定了《关于开展“一带一路”债券试点的通知》。《通知》规定相关主题可以通过以下三种方式在沪深交易所发行“一带一路”债券融资：一是“一带一路”沿线国家（地区）政府类机构在交易所发行的政府债券；二是在“一带一路”沿线国家（地区）注册的企业及金融机构在交易所发行的公司债券；三是境内外企业在交易所发行，募集资金用于“一带一路”建设的公司债券。此外，“一带一路”债券的品种和规模持续扩容，2018年，首单“一带一路”公募熊猫公司债、建设公司债发行，首单“一带一路”建设可续期公司债券获批。“一带一路”债券的创立和发展，发挥了境内债券市场的融资能力和配置效力，拓宽了“一带一路”建设的直接融资渠道，深化金融领域跨境合作，并有力地推动了国内债券市场的双向开放。

中央结算公司也在积极探索自贸区债券发行试点。2013年首次在自贸区面向境外支持发行地方政府债券。自贸区债券市场的发展，有利于债券在岸市场和离岸市场，是推动本外币一体化国际金融中心建设的重要措施。

第六章

市场发展展望

党的十八大以来，习近平同志在金融发展方面作出一系列重要论述，包括健全金融机构和市场体系、提高金融服务实体经济的能力和水平、把防控金融风险放到更加重要的位置、完善全球金融治理等内容。2019年2月22日，习近平总书记在中央政治局第13次集体学习时，就推动金融业高质量发展作出了四个方面的重要部署：一是深化对金融本质和规律的认识，立足中国实际，走出中国特色金融发展之路。二是深化金融供给侧结构性改革，必须贯彻落实金融发展理念，强化金融服务功能，找准金融服务重点，以服务实体经济，服务人民生活为本。三是防范化解金融风险，特别是要防止发生系统性金融风险，坚持在推动高质量发展中防范化解风险。四是把金融改革开放任务落实到位。这些重要论述既立足国内又放眼世界，既立足当前又着眼长远，是解决当前我国金融领域突出问题的战略指引，是新时期债券市场改革发展的根本遵循。债券市场的发展必须坚持党的领导，紧紧围绕着服务实体经济、防控金融风险、深化金融改革三大战略部署，顺应国家“创新、协调、绿色、开放、共享”的发展新理念，服务利率市场化、人民币国际化、金融业双向开放、“一带一路”建设等重大国家战略目标，不断推动市场创新，提高流动性水平、扩大对外开放、完善基础设施建设、增强配套制度供给、建立健全市场监测监管体系。

一、持续推动市场创新发展

创新是提高金融市场资源配置功能和效率的前提，是市场发展的原动力。债券市场作为金融市场的重要组成部分，在一国经济发展中发挥着至关重要的作用，一个具有深度和广度的债券市场也是金融市场发达与否的重要标志。

（一）持续推动基础产品的创新发展

1. 推动国债市场创新发展，完善国债收益率曲线

国债发行品种和期限的丰富，有利于完善国债收益率曲线，可为债券市场各个品种的一级市场发行定价、二级市场交易价格提供重要参考。一是完善国债发行的期限结构。目前，我国国债市场关键期限债券品种还不够丰富，尤其是2年以内的短期国债年度发行次数仅为美国的十分之一。两年期以下和10年期以上国债发行偏少、频率偏低，这可能与投资者的风险偏好有关，但这种发行结构影响短期和中长期国债的定价，尤其是导致长期资金缺乏市场化定价的权威基准。国债发行应根据市场实际需求，适度增加2年期以下短期国债和10年期以上长期国债的发行规模和频率，使

关键期限债券组合在债券市场上的影响力不断提升，进一步提升国债收益率的市场基准作用。具体实施短期国债发行时，可规定短期国债发行不受赤字限额限制。对于超长期国债发行，应考虑将20年期或者30年期国债纳入关键期限国债范畴，争取先每半年1次，再逐步过渡到每季度1次。二是进一步丰富国债发行品种。建议支持国债本息剥离操作，并择机发行通胀指数债券，不断丰富国债发行的品种。

2. 创新永续债发展，提高商业银行资本充足率

过去两年，在去杠杆和非标回表等一系列监管要求下，金融机构普遍经历了较大的资本消耗，银行业补充资本的需求日益迫切，但现有的资本补充工具较为匮乏，存在“一级资本薄，二级资本厚”的情况。在当前经济下行压力较大的背景下，需要银行信贷逆周期调节经济发展，加大对小微企业、民营企业融资的扶持力度，客观上要求大力支持符合条件的商业银行发行优先股和永续债。2019年1月25日，中国银行成功发行了规模为400亿元的无固定期限资本债券，开始了境内银行机构发行永续债补充资本的尝试。李克强总理在2019年2月召开的国务院常务会议中再次提到，要支持商业银行多渠道补充资本金，提高永续债发行审批效率。

3. 以市场需求为导向，提高服务经济转型能力

中国经济转型、改革开放、供给侧结构性改革、“三去一降一补”等，都对债券市场提出了很多创新要求。如目前我国企业杠杆率较高，含权性质的永续债有大力发展的客观需求；建立创新型国家、加快绿色发展过程中，并购债、高收益债、绿色债券均有很大发展空间。这些都需要债券市场在发展过程中，必须以市场需求为导向，创新各类产品，提高服务实体经济发展的能力。

4. 大力发展绿色债券，支持生态环境建设

持续优化绿色债券发行环境，推动绿色债券市场创新发展，完善投资者激励机制，规范第三方评估认证和信息披露制度。一是加大绿色债券业务创新，扩大绿色债券发行人范围。鼓励银行业金融机构积极开展绿色信贷资产证券化业务；支持绿色产业中优质的、具有稳定现金流的存量资产开展企业证券化业务；鼓励绿色产业PPP项目资产证券化创新业务；鼓励企业创新发行绿色可续期债券和项目收益债等结构化绿色债券产品。二是提高绿色债券市场流动性。完善做市商机制，加大做市交易，开发更多二级市场交易工具及其衍生产品，例如绿色债券指数、远期等产品，特别是在促进绿色债券回购业务中，建议降低绿色债券质押条件，适当提高绿色债券回购折算率，增强绿色债券回购融资便利度。推进针对绿色债券的制度和产品创新，提升便利度，吸引更多投资者，让投资者不仅能够获得投资回报，而且能够根据需要随时调整资产组合，管理流动性及风险。三是加强国际合作，深度参与国际绿色金融创新改革发展。在绿色债券的业务和技术标准及规则制定方面加强国际交流，推动统一标准，促进形成国际共识。在发行和投资所涉及的其他领域，如市场和产品准入、基础设施、第三方服务、会计制度和税费等方面进行探索。鼓励国际市场对中国绿色债券指数产品的深入应用，提升中国绿色债券市场的国际影响力。

5. 发展高收益债市场，缓解民企融资两难问题

高收益债券市场是多层次资本市场的重要组成部分，高收益债券所具有的高风险、高收益特征能较好地解决民营企业、小微企业、创新型企业的融资难、融资贵问题，其本身是完善金融市场资源配置的重要方式。高收益债市场制度设计上，应降低发行门槛，简化发行方式；降低二级市场流动限制，推动高收益债券做市商制度建设；完善信用评级、加强信息披露，降低信息不对称；创新债券契约设计、完善违约处置机制，提高发行

人违约成本。此外，发展高收益债券市场，与财政在总体上促进资源配置效率的职能是契合的。

（二）持续推动衍生产品创新发展

1. 加快利率汇率信用等衍生产品创新

投资者购买债券，不仅仅是购买持有到期的金融产品，而是要通过各种投资组合，提高资产的流动性，以及对冲各类风险。在当前市场利率、汇率波动风险增大，经济下行引发信用风险上升的背景下，应进一步丰富利率、汇率、信用等衍生品创新，有效满足投资者对冲相应风险的需求。同时，尽快推动三方回购业务落地，推出中央债券借贷业务。

国债期货市场是我国衍生品市场的一个组成部分，是债券市场基础性利率风险管理工具市场，在当前的市场环境下，有必要引入商业银行和境外机构投资者，丰富国债期货市场投资者类型，更好地发挥国债期货市场功能，促进债券市场开放水平的进一步提升。

进一步发挥信用风险缓释工具（CRMW）等信用保险工具的功能。增加低评级标的债务的CRMW供给，鼓励更多创设机构为主体评级AA及以下标的债务配套CRMW；扩大CRMW的创设和交易者类型，提高市场流动性，利用场内凭证类产品标准化强、流动性好的特质作为风险对冲的主力产品，配合场外合约类产品灵活、个性化的特点，满足不同类型投资者的避险需求。

2. 遵循从简到繁的原则推动创新发展

衍生产品形式多样，既有单一产品，也有组合产品，其中一些产品主要用于满足投资者套期保值、风险对冲需求，有些产品则主要是为了实现投机、套利等目的。从国际发展路径看，衍生产品都是从简单单一、缓释风险开始。之后，随着参考标的从债券、信贷等基础资产逐渐向证券化产品转变，衍生品的产品结构日益复杂。2008年危机后，诟病比较大的是结构复杂、以投机为目的的衍生品，而结构简单、以风险对冲为目的的衍生品市场反而运行平稳，市场份额不断攀升。从中国的现实情况看，衍生品市场起步较晚，运行时间不长，市场的参与度也较低，定价能力和基础设施有待进一步完善，客观上不具备发展复杂衍生产品的条件。因此，中国衍生品市场创新应充分尊重市场客观规律，从简单的基础性产品入手，随着市场成熟度的提高，再向更高级形式的产品发展。

3. 破除阻碍衍生品创新发展的制度障碍

推动套期保值会计制度的普及和应用，增强制度的可操作性，促进套期保值功能在会计制度上的尽快实现。进一步明确金融衍生品的征税处理方式，对于风险对冲的金融衍生工具应将其与对冲的基础资产相对应，而不是归为其他类；在征税处理时，不纳入增值税规定的应税义务，以鼓励市场参与者更好地运用金融衍生工具对冲风险。推动解决终止净额结算制度和履约保障制度安排的法律适用性问题，夯实衍生产品市场发展的制度基础。

专栏四：顶层设计助推绿色债券发展

国际上，绿色债券起源于世界范围内投资者对气候变化和环境问题的持续关注，是近年来兴起的绿色金融在国际债券市场上的应用。绿色债券是指募集资金专门用于投资符合规定条件的绿色项目或为这些项目进行再融资的债券工具。自2007年第一只绿色债券发行以来，绿色债券发行主体也从最初的国际性或区域性政策性金融机构发展到包括地方政府、商业银行、企业在内的多市场主体。在投资人方面，由于国外“责任投资人”逐步增加，资产管理公司、商业银行、券商、基金等都参与了绿色债券的投资。

我国绿色债券市场虽然起步较晚，但发展十分迅速。2015年12月22日，人民银行发布了关于发行绿色金融债券有关事宜的公告，并确立《绿色债券支持项目目录》，允许金融机构在银行间债券市场发行绿色债券，从而确立了金融机构发行绿色金融债券并专项支持绿色产业项目的制定框架，标志着我国绿色债券市场的正式启动。2015年12月31日，发展改革委发布了《绿色债券发行指引》，明确了绿色企业债的定义及支持领域。自此绿色债券在我国经历了“from zero to hero”的高速发展过程。

在2015年底中国人民银行和国家发展改革委相继出台绿色债券相关政策后，我国绿色债券发行呈现井喷态势。2016年1月27日，浦发银行成功簿记发行境内首单绿色金融债券200亿元，我国仅用了一个多月时间，就实现了绿色金融债券从制度框架到产品发行的正式落地。2016年是我国贴标绿色债券[①]市场元年，而当年我国绿债发行量就一跃升至全球第一，2017年和2018年，我国绿色债券发行量居全球第二。我国已成为全球绿色债券市场上最大的发行来源国之一。随着绿色发展理念落地生根、成为普遍实践，市场相关制度安排不断完善，中国绿色债券市场朝着规范化的方向稳步发展，绿色债券发行数量和发行规模持续增长，为传统企业绿色转型升级提供强大的驱动力，助推中国经济绿色转型。截至2018年12月31日，我国债券市场上发行贴标绿色债券

① 贴标绿色债券是指经官方认可发行的绿色债券，募集资金主要用于解决气候变化的资产或项目。贴标绿色债券 2016 年开始纳入绿色债券市场统计范围。

约2826亿元，较2017年同比增加13.69%。

我国绿色债券市场实现举世瞩目的跨越式发展，主要有三方面原因。一是党中央将绿色金融纳入国家战略布局的重要部分，为绿色债券发展创造了历史性契机。党的十八大以来，以习近平同志为核心的党中央，深刻总结人类文明发展规律，将生态文明建设纳入中国特色社会主义“五位一体”总体布局和“四个全面”战略布局。党的十八大通过的《中国共产党章程（修正案）》，把“中国共产党领导人民建设社会主义生态文明”写入党章。生态文明建设纳入一个政党特别是执政党的行动纲领，中国共产党在全世界是第一个。党和国家在《生态文明体制改革总体方案》、《“十三五”规划纲要》以及党的十九大报告中均提出构建绿色金融体系的国家顶层设计。二是监管部门持续大力推动，夯实制度基础，为绿色债券发展提供强大驱动力。为全面贯彻党中央、国务院加快推进生态文明建设的总体部署，坚持创新、协调、绿色、开放、共享的发展理念，推动建立中国绿色金融体系，经国务院同意，人民银行等7部委联合印发了《关于构建绿色金融体系的指导意见》。此后，监管部门出台系列政策支持绿色金融发展。人民银行加强绿色金融债券存续期监督管理；将绿色债券和绿色贷款纳入MLF担保品范围；将绿色信贷业绩评价结果纳入银行宏观审慎（MPA）考核。证监会发布修订后的《上市公司治理准则》，确立了环境、社会责任和公司治理（ESG）信息披露的基本框架。三是日益成熟的债券市场为绿色债券的发展提供了良好的市场基础。近年来我国债券市场迅猛发展，债券发行和托管规模均跨入全球前列，我国已成为世界第三大债券市场。这些都为我国发展绿色债券市场提供了前所未有的发展空间。

预计未来我国企业直接参与绿色债券市场的程度将进一步加

深，绿色债券发行总量仍有很大的提升空间。为推动我国绿色债券市场健康发展，未来需要持续优化绿色债券发行环境，推动绿色债券市场创新发展，完善投资者激励机制，规范第三方评估认证和信息披露制度，促进我国绿色债券市场持续开放。

二、不断提高市场流动性水平

提高资源配置效率是金融市场最重要的命题。提升市场流动性水平、促进价格发现是提高资源配置效率最为有效的手段。一般而言，市场的流动性也是衡量市场有效性的主要指标。

（一）进一步丰富投资者群体，强化做市商的积极性

保持债券市场的开放性、包容性，不断发展各类投资者群体，可重点发展养老基金、企业年金等机构投资者，扩大机构投资者数量；鼓励个体投资人通过机构投资者间接参与债券市场；推动更多高信用等级债券上柜台，持续拓展投资者类型和数量。

由于债券有收益和到期日相对固定、市场投资者以机构为主等特征，债券市场交易以场外为主，流动性主要靠场外做市商提供，做市商做市交易对保持市场价格稳定、平滑市场供需关系至关主要。因此，提高做市商做市的积极性是提升债券市场流动性的主要抓手。目前，因做市商享有的优惠政策和承担的风险不匹配，导致其做市的积极不高。强化做市商的积极性，一是要适度控制一级交易商数量，落实各项交易便利条款，激励其

增加交易能力；二是要梳理一级交易商和承销团资格，规定只有二级市场做市商才能成为或者优先成为其成员；三是做市商可以优先成为其他市场如SHIBOR等的报价行，从而体现做市商的优越性。通过激励机制，切实调动做市商的积极性，提高债券市场交易的活跃度。

（二）不断创新市场交易机制

一是继续拓宽地方债发行和使用渠道，鼓励地方政府债券通过商业银行柜台发行，适度降低政策性操作中的折扣率，研究资本计提降低的规则，提高机构配置需求。支持回购、债券借贷等交易创新，提升债券作为担保品的使用效率。

二是积极推动三方回购落地实施。三方回购由中央托管机构事先制定一套市场参与者认可的质押债券选择和打折制度，回购双方只谈融资数量和利率，不谈质押品种，促进信用类债券方便地用于质押。目前我国担保品的管理总体比较粗放，信用类债券使用严重不足，回购还冻结了很多流动性比较好的高等级债券，影响了市场活跃度。而三方回购制度创新能够把目前的双方回购升级为更加标准化、高效率的货币市场工具，有利于提高信用类债券的流动性水平。随着违约担保处置机制的不断明确，三方回购也有利于解决市场关于信用违约的后顾之忧。

三是发挥债券匿名拍卖作用，提高低信用等级债券的流动性。2018年，全国银行间同业拆借中心发布了《关于开展债券匿名拍卖业务的通知》，并配有相关细则。匿名拍卖的债券包括但不限于违约债券、受违约影响的债券、资产支持证券次级档等低流动性债券。具体拍卖债券由同业拆借中心汇聚市场意向确定，不定期举行匿名拍卖。债券匿名拍卖旨在提升价格发现效率和市场价格透明度，促成标的债券的成交，提高低流动性、高收益性债券的流动性。

三、进一步扩大市场对外开放

习近平主席在2018年首届中国进出口博览会上指出，中国将持续放宽市场准入，稳步扩大金融业开放。李克强总理在2019年亚洲博鳌论坛上表示，中国将持续扩大金融业对外开放，推进债券市场对外开放，完善相关政策，为境外投资者交易中国债券创造更便利的条件。进一步推动对外开放是今后几年债券市场发展的重要内容。

（一）债市对外开放的重要意义

大力发展债券市场，积极推进债券市场对外开放，是推动金融市场开放和人民币国际化进程的必然举措。

一是有助于构建人民币回流机制。随着人民币在国际贸易和结算中使用范围的扩大，人民币在海外沉淀的规模也在不断增长，亟需构建一个通畅的人民币回流渠道。离岸人民币回流机制的核心就是国内必须要有一个流动性好、透明度高的资本市场。相较于股票、衍生品等金融市场而言，债券市场天然具有固定收益性、低波动性、交易大宗性等特征，可以满足境外投资者对安全性、收益性和流动性的需求。构建完善的人民币回流机制，一方面能够促使人民币在对外输出与币值稳定之间保持平衡；另一方面，能够拓宽海外机构持有人民币的投资渠道，提升持币积极性，促进人民币由贸易货币向储备货币转化，对促进人民币国际化具有重要意义。此外，也可适度发展离岸人民币债券市场，一方面有助于减少人民币大规模跨境流动对国内金融市场和实体经济的冲击，另一方面在资本账户尚未完全开放的前提下能够为境内的金融体制改革和市场开放提供缓冲地带。

二是有助于拓展人民币投资和储备货币职能。我国债券市场的开放受到国际认可。2017年3月初，两家全球著名的指数供应商将中国债券市场纳入其债券指数系列。其中，彭博发布两项全新的固定收益指数，将以人民币计价的中国债券与其全球指数相结合，花旗固定收益指数部门则宣布，将中国债券市场纳入其世界政府债券指数系列。2018年3月，彭博宣布将于2019年4月起将逐步把以人民币计价的中国国债和政策性银行债券纳入彭博巴克莱全球综合指数等三项指数。2018年11月，富时罗素相关负责人表示，已将中国国债纳入其富时世界国债指数的市场观察名单。随着我国以人民币计价的债券被纳入国际主流指数，我国债券市场必将迎来更多主动和被动投资，将大幅提升人民币的金融交易货币职能。而在储备职能方面，境外人民银行早已获准进入银行间债券市场，持有我国国债等低风险券种，人民币储备占比连续四个季度上升，这也是债市开放对人民币国际化起到的重要推动作用的一个方面。

三是服务于“一带一路”、自由贸易试验区和上海国际金融中心建设等国家重大战略。债券市场作为我国最大的直接融资市场，在投融资领域发挥着越来越重要的作用，有助于国家战略的实施。“一带一路”项目融资需求巨大，不仅需要亚洲基础设施投资银行和丝路基金提供资金支持，还需要包括开发性金融、商业银行、股票市场、债券市场等在内的多种投融资手段共同发挥作用，债券市场可吸引更多具有需求的“一带一路”发行人到境内或自贸区发行熊猫债、本外币的“一带一路”债券等。上海等自贸区作为连接在岸和离岸债券市场的桥梁，也是市场开放的重要突破口，通过在自贸区创新债券发行机制，可以为境内外发行人提供一个更加灵活便捷的、面向全球募集资金的环境。与此同时，债券市场的开放有利于吸引更多境外投资者，对于促进形成一个完善透明、资本自由流动的债券市场具有推动作用，从而进一步提升中国金融市场在国际金融体系中的影响力和竞争力。

（二）进一步推动债券市场对外的举措

一是明确直接入市的主渠道地位。持续提高直接入市的便利性，简化入市和开户程序，实行一站式电子化操作，简并资金账户设置。开放回购、债券信贷、国债期货等品种，便利风险管理。

二是推进中央托管机构的跨境互联。第五次中央金融工作会议要提出加强金融基础设施的互联互通的要求。在推动债券市场开放中，也要加强中央托管机构的跨境互联。中央托管机构跨境互联，既能为境外机构进入银行间债券市场提供更灵活的接入方式，又便于境内机构在海外债券市场投资。推动中央托管机构的跨境联接也是国际普遍做法，为投资者参与不同国家和地区的市场提供服务选择。在现有多渠道基础上，未来的跨境互联应当以“中央确权、穿透监管”为基础，既坚持制度自信，发挥境内制度优势，又能与境外兼容对接，体现中国智慧，贡献“中债方案”。

三是加强对离岸市场的延伸，统筹在岸和离岸市场发展。持续政策创新，推动自贸区债券市场发展，发展本外币一体化金融市场和可控的离岸市场。优化对境外债券发行的基础设施服务方案。发展中资美元债和离岸人民币债券估值等服务，满足境外投资者的需要。

四是进一步明确境外投资者税收制度细则。2018年，我国明确对境外机构投资境内债券市场取得的利息收入，三年内暂免征收所得税和增值税。免税政策一定程度上降低了境外投资者对税收政策不确定性的担忧，提高了入市的积极性。但仍存在一些实施细则有待进一步明确，比如，以前扣缴的税款如何处置，优惠税收政策如何申请，三年后税收扣缴义务人尚不明确等。可考虑比照国际作法，由中央托管机构代和代缴。

五是在推动将中国债券纳入国际主要债券指数的同时，推动中国编制的债券指数走向世界。将中国债券纳入国际主要债券指数可以为全球投资者提供分析中国债券市场的新途径，提高中国债券市场在国际上的影响力，吸引境外机构投资中国债券市场。此外，随着中国债券市场的开放，中国自己编制的指数也要走向世界，为全球提供人民币债券市场的投资基准，这是更为重要的命题。

六是探索建立全球担保品联盟。持续推动扩大担保品国际互认，打造互利共赢的跨境担保品合作模式，为境内外投资者参与双向市场交易提供多层次、多市场、多平台的应用支持方案。支持人民币债券资产成为全球安全“公共品”。

四、完善市场基础设施建设

金融基础设施直接决定金融市场的效率和安全，对金融市场有决定性影响。近年来，中央高层高度关注金融基础设施建设。十八届三中全会提出要加强金融基础设施建设，保障金融市场安全高效运行和整体稳定。十八届五中全会提出要建立高效安全的金融基础设施。第五次全国金融工作会议提出要加强金融基础设施的统筹监管和互联互通。可见，债券市场基础设施建设是债券市场安全高效运行的重要制度保障。

（一）完善债券市场基础设施相关法律制度

针对债券市场基础设施中存在的法律问题，结合国际经验，提出如下建议。

1. 推动形成统一的证券立法体系

我国目前证券与银行间债券市场彼此独立的法律框架，对于债券市场的健康稳定发展形成一定的负面影响，与此同时银行间债券市场明显存在上位法律缺失的问题。从国际经验来看，债券市场与股票市场都应属于证券法规范的范畴，因此，建议完善证券立法，增强《证券法》对于银行间债券市场的适用性，从而在法律层面形成统一的证券立法体系。具体操作上应体现以下两方面要素：一是实现全面性，应当确认各类债券品种的证券品种属性并且将其纳入《证券法》的调整范围之中，确认《证券法》作为调整包括债券在内的证券法律关系基本法的地位。二是兼顾特殊性，即在《证券法》中针对债券市场的特殊性，制定符合债券市场特征的相关制度。与股票市场相比，债券市场具有一定的特殊性，如发行多采用注册制、交易场所以场外市场为主、投资者以机构投资者为主等。在《证券法》中应当充分考虑到债券市场的特殊性，进行相应的规范。只有处理好一般性和特殊性的关系，完善统一的证券法体系才有可能立得住，用得长。

2. 明确运行中的基础法律规定

一是明确证券登记的法律效力。我国现行法律规定仅将证券登记定义为对于持有证券/债券事实的一种认定，从严格意义上来讲，这不利于对于证券/债券持有人的保护。对此，最新颁布的《新证券投资基金法》第103条已经实现了突破，其规定："基金份额登记机构以电子介质登记的数据，是基金份额持有人权利归属的依据"。因此，在《证券法》的层面，也应当充分明确登记确权的法律效力。

二是明确结算的最终性。我国现行场外市场规章中确认了结算的最终性，但是此类规章的法律效力低于《破产法》，在实践中可能会遇到执行上的不确定性，因此，建议在《破产法》或者《证券法》等上位法中对于结算的最终性予以确认，从而有效地控制潜在的金融风险。

三是明确"净额结算"的效力。我国现行的法律框架中，针对"净额结算"并没有明确的规定，在发生特别的法律事件时，"终止净额结算"可能会受到破产管理人的撤销。在这种情况下，有必要通过在《破产法》或其他的法律中，明确“净额结算”制度的法律地位，并赋予其优先于包括破产法律制度在内的其他法律制度的地位。

四是完善金融担保品的相关立法。建议通过修订《证券法》或出台《担保法》《物权法》的相关司法解释，来对金融担保品进行规范。具体操作上，应支持金融担保品的违约快速处置，以及担保品的转质押和再使用。这也可以推动金融担保品市场的进一步发展，促进国债等高等级债券资产得到更多的跨境投资和使用。

五是明确中央对手方地位。为了保障期货市场运行和场外集中清算的安全、高效和稳定，避免法律位阶冲突，有必要对期货交易所作为中央对手方的法律地位进行明确，并对场外中央对手方的法律地位加以确认。

（二）加强基础设施的统筹发展

1. 从战略高度重视基础设施建设

在无纸化、网络化的现代金融市场运行中，金融基础设施处于核心地位。金融危机之后，各国更加深刻认识到金融基础设施在防控风险方面的重要性。以中央托管结算机构等为代表的金融基础设施是新型产业，它是金融市场发展进程中的重大创新；金融基础设施具有政策含量高、科技含量高、专业性强的显著特点，是科技密集型产业；统一强健的金融基础设施是提升国家金融竞争力的关键，是一个战略型产业，堪称“国之重器”。因此，要把完善金融基础设施作为推进金融改革和开放的有力突破口，作为建设经济金融强国、维护国家安全的重要抓手。

2. 明确基础设施的定义和范畴

金融基础设施的定义可以非常宽泛，一切为金融活动提供公共服务的制度都可以称为基础设施。这样就会涵盖征信系统、评级机构、法律会计制度、投资者保护制度，当然也包括交易前台。因为各类基础设施的现状、问题、规律都不一样，解决的方法也不同。因此，有必要聚焦，对金融基础设施作出相对准确的定义。国际清算银行、国际证券业协会在2012年的金融市场基础设施原则中就明确提到，金融基础设施是指金融市场参与机构之间用于清算、结算或记录支付证券衍生品或其他金融交易的多边系统和运作规则。这样的金融基础设施定义主要包括五类，支付体系PS、中央托管CSD、证券结算SSS、中央对手方CCP和交易报告库TR。其中中央托管、证券结算和交易报告库通常由一类机构担任。习总书记对“十三五”规划建议的说明，提到要统筹监管重要金融基础设施，包括重要的支付系统、清算机构、金融资产登记托管机构，也是和这个口径相对应的。因此，债券市场金融基础设施应该聚焦在后台清算、结算、托管体系。

3. 明确基础设施统筹发展的目标

建立统一、安全、高效、开放的金融基础设施，形成有机整合、布局合理、分工协作的基础设施体系，提高金融公共服务水平。特别是把促进全国统一的证券登记结算体系作为资本市场改革的基本点。缺乏这个基本点和“灵魂”，整个资本市场体系就显得松散无力。反观美国，1975年修订证券法时，就明确提出完善全国证券市场体系和统一证券结算体系的政策目标。该法促使美国证监会对统一基础设施的评估研究，并推动托管结算基础设施的整合，奠定了美国现代化资本市场的全球竞争力地位。

4. 明确统筹发展的基本原则

要有利于增强完善全国统一市场体系的促进动力，充分认识和运用金融基础设施的发展规律，对金融基础设施的准入、治理结构、运营规则、风控标准、信息披露、现场检查、评估处罚及风险处置等方面进行规范和协调，发挥制度优势和后发优势，为依法统筹证券托管结算基础设施的建设和管理提供法律基础；要有利于形成金融基础设施的发展合力，超越部门利益，既要防止监管缺位，也要防止监管越位，发挥市场机构的创造性和政府部门的积极作用；要有利于提高金融基础设施的国际竞争力，防止以改革之名，行倒退之实。

5. 正确处理政府与市场的关系

金融基础设施的发展是市场发展的内在要求，同时也离不开公共部门的积极作为。例如，从金融基础设施建设经验看，各国均大力推动中央托管机构的整合，其中美国更是从立法、行政、司法等多个层面立体化推进和保障托管结算体系的整合。为此，在金融基础设施的发展中，要更好地发挥市场作用和政府作用，一个基本结合点就是正确认识各类金融基础设施的基本规律。只有认识金融基础设施发展规律，才能更好地做好金融基础设施规划设计，更加自觉地推动基础设施整合。

（三）推动形成集中统一的托管体系

针对债券市场托管结算基础设施的碎片化问题，可能的解决方案有三种：转托管、互开户联接和集中统一。

1. 转托管和互开户联不能根本解决市场分割和低效问题

转托管，就是各家托管结算基础设施允许投资者开立账户，然后把证券进行转移。互开户，就是托管结算基础设施之间互相开户，然后用多级托管的方式带着投资者客户进入到另一个托管结算机构。由于我国债券市场的分割局面，只有国债、地方政府债和企业债可跨市场流通，其他债券品种都是分托管机构来安排的，这就限制了转托管的拓展性，决定了转托管和互开户无法根本性解决市场低效的问题。此外，转托管和互开户，实际上都增加了市场的环节，意味着成本的增加，风险的提高，无法根本解决投资人需要在多个基础设施开户，分散管理自己资产的问题。

在实践中，中央结算公司作为债权中央托管机构主体，已经建立了与交易所的直联通道，利用这一基于中央托管基础上的跨市场交易结算模式是更好的选择。

2. 在一国境内，集中统一是最高效的结算体系

集中统一，就是合并成一个统一运行的中央托管体系。国际标准明确指出："出于安全和效率的原因，应在可能的最大范围内实现集中托管，通过将托管集中于单一实体，可以实现规模经济并有效降低成本。"集中统一可有效降低市场的交易成本。美国证监会是在1975年做了一个分析报告，报告认为，与转托管相比，集中统一能够最大限度地降低成本，提高效率。基于此研究结果，美国在2000年前后合并组建了强大的托管结算基础设施DTCC。

集中统一可促进前台多元化。集中统一的结算基础设施会带来新的市场格局，前台多元，灵活服务，后台集中，高效安全。债券的大宗交易特征，决定了市场是以场外为主体，场外市场的前台应该是多元的，分散的，这样才能满足场外市场多样化灵活的交易需求，推动市场的创新，提升市场的流动性。国际债市也是前台多元化，后台一体化的格局。正式有了后台集中化，才能保障多个平台多而不乱，分而不散，更好体现市场统一互联的本质要求。

五、增强市场配套制度供给

（一）完善债券市场评级体系

债市开放过程中，要谨慎适用国外评级机构的评级。评级牵涉到一国的主权，尤其是主权信用评级，关系到人民币国际化过程中对于定价权的掌握。因此，在债券市展发展中，应继续以国内评级机构为主，规范发展，并积极支持国内评级通过自主或联合走出去，扩大国际影响力。加强国内评级机构监管，建立完善资信评级方面的有关法律法规，避免评级机构评级业务与其他业务利益冲突的问题；推动债券市场评级监管统一，进一步加强银行间市场和交易所市场评级业务资质互认，建立健全评级监管及自律管理信息共享，逐步统一对信用评级机构开展以投资者为导向的市场化评价，明确评级机构因评级有失公允而损害投资者利益时所应承担的责任；改变单一由发行人付费的制度，推广双评级制度，探索债券投资人付费模式；探索由行业协会等中立组织按公开规则为发行人指定评级机构；推广中债市场估值的隐含评级，对名义评级进行校验。

（二）建立统一的多层次信息披露制度

进一步完善信息披露制度，减少信息不对称，利于推动债券市场进一步发展。随着发行主体的不断扩容，国内债券市场将面临信用风险的重估，低等级个券违约风险将进一步暴露，信用风险的分有布将更加广谱化，市场对风险识别的要求更高，客观上要求完善信息披露制度，减少发行人和投资者之间的信息不对称。

建立统一的债券信息披露平台。现有的银行间债券市场和交易所债券市场信息披露平台和披露要求不同，客观上增加了跨市场债券发行的信息披露成本，也在一定程度上增加了投资者获取信息的难度。一个统一的债券信息披露平台有助于降低债券信息披露成本。在监管协调允许的前提下，中长期应对同一只债券在银行间和交易所债券市场实现统一的信息披露标准。

建立与多层次债券市场匹配的多层次信息披露制度。可考虑在投资者保护和债券发行人成本中找到平衡点，建立针对不同发行方式、不同市场的多层次信息披露制度。比如在高收益债券的私募发行中，可以豁免大多数信息披露义务以降低发行成本。对于自贸区债券，可以适当简化披露流程，以吸引境外发行人和国际投资者。

（三）建立健全违约处置机制

有序打破刚性兑付有利于完善市场信用风险定价机制，提高资源配置效率，推进经济结构转型，建立债券市场良好秩序。在债券市场市场化发展的大趋势下，有序打破刚性兑付，关键是要建立相对完善的违约风险处置机制。

1. 厘清各方责任，破除刚性兑付思维

政府需减少不必要的行政干预，逐渐摈弃兜底思维。党的十八以来，处理好政府与市场的关系是一大改革主题，尊重市场规律，发挥市场的基础性作用已成为共识。对于债券违约事件，政府应减少不必要的行政干预，建立市场化、法制化的处置机制，打破投资者心中可能存在的中央或者地方政府对债券提供的隐性担保，增强投资者的投资风险意识。

主承销商应勤勉尽责，强化风险管控。主承销商是债券发行和违约处置的重要参与人，是联系发行人和投资者的纽带，债券违约不仅可能威胁投资人利益，也可能对主承销商构成一定的声誉损失。主承销商应在项目筛选、审核、募集资金使用、风险监控等环节强化风险管控，督促发行人加强信息披露，切实对投资者负责。

发行人应诚实守信，合规披露信息。发行人及其关联方是债券履约的主体，督促债券发行人守信履约是债券违约处置的重要环节。在债券发行和存续期间，对于发行人粉饰业绩、虚假披露等行为，监管部门要严厉处罚；如果存在欺诈发行的情形，可以主张控股股东、实际控制人等承担连带责任。在违约处置过程中，为了防范债券发行人可能存在的道德风险，应加强执法，严厉打击发行人及其股东可能存在的恶意逃废债务行为，倒逼发行人守信履约。

投资者要树立风险自担理念，提高风险识别能力。伴随我国经济发展进入“新常态”，在刚性兑付被打破后，债券市场信用风险恐会大幅增长，这将对投资者的风险识别能力提出更高的要求。为建立市场化约束机制，打破刚性兑付，需要进一步加强对投资者的风险教育，强化投资者“买者自负”的风险理念，提高投资者承担违约风险的能力。

2. 创新金融工具，推动发展债券违约相关衍生产品

2010年，银行间交易商协会提出了信用风险缓释工具（CRM）。2018

年，人民银行再次提出，通过出售信用风险缓释工具、担保增信等方式，为暂时困难的民企提供增信支持。从使用情况看，由于前几年债券违约很少，债券违约衍生品交易平淡，参与的机构较少，市场交易不活跃。从国际经验看，CDS作为合格信用风险缓释工具，是全球交易最为广泛的信用衍生产品，因其资本缓释功能得到了明确，与商业银行等金融机构的监管法规进行了有效衔接，可推动中国信用衍生产品体系和国际市场接轨，今后，可考虑推动商业银行、保险公司、信用增进等机构作为CDS交易的卖方，向市场发行CDS产品，促进违约风险的交易和流转，促进二级市场流动性的提高。

3. 强化市场约束，完善债券违约处置的配套机制

促进债券持有人会议更为有效地发挥作用。持有人会议是债务融资工具持有人集体议事表达自身合理意愿的平台，也是持有人与发行人、信用增进机构等偿付主体，就重大事项进行有效沟通协商的重要议事机制安排。为保护投资者权益，2010年8月银行间交易商协会首次对外发布了《银行间债券市场非金融企业债务融资工具持有人会议规程》，规范了债券持有人会议的召开程序，对维护银行间债券市场健康稳定发展具有重要意义。但在实践过程中，债券持有人会议还存在难以召集持有人、开展不顺利、会议决议法律效力得不到保障等问题。据此，应从法律效力的角度进一步完善债券持有人会议制度，促进债券持有人会议更有效地发挥作用。

完善债券受托人制度。债券受托人制度是保护投资者利益的重要机制，进一步强化债券受托人制度，赋予受托人相对独立的权利资格和权力能力，改变目前我国债券受托人制度流于形式，受托人法律责任不明确及履职难的现状。在债券发行之前，受托人应对公司发行债券的合法性、可行性以及公司营业情况、财务状况、信用级别等进行审查、核实；在债券

发行之后，受托人应关注发行人和担保人的重大经营财务状况变化，在发生违约风险时，受托人应代表投资者利益，及时采取应对措施，积极协商处置，在必要的时候代表债券持有人参与公司的破产和解、整顿、重组，从而维护债券持有人的权益。

尝试建立提前赎回或债转股机制。可转债一般在发行前设置可提前赎回条款，约定在某一时间发行人可提前偿还债券本息，赎回债券。可考虑借鉴可转债，尝试创新附提前赎回条件的债券品种。如在发行前设置提前赎回条款，约定在特定条件下，激活该条款，发行人若有赎回能力可强制执行，以降低后续违约事件的发生；发行人若无赎回能力，投资人可考虑实行债转股权力，以最大可能地保护投资者利益。

（四）强化投资者权益保护

要强化政府在投资者权益保护中的作用。相关监管部门需要制定债券违约后保护债权人利益的相关规则和处理流程，避免两个极端：既要避免担保刚性兑付，扭曲风险定价，也要避免“政策性破产”，由债权人买单。

要强化债券市场信息披露违规的惩罚机制，鼓励发行人自愿性信息披露，并在发行条款中进行约定。监管部门和行业自律机构需要强化债券市场信息披露的惩罚机制，例如效仿深交所建立上市发行企业的诚信档案和信息披露考评制度、加大对信息披露主体违规的行政处罚以及完善债券市场的退出机制等，以增加发行人的信息披露违规成本，促使其改善债券信息披露质量。

需要从制度、法律上强化承销机构、会计审计机构、律师事务所等中介机构的责任，加大中介机构的违规成本，对于情节严重的中介机构负责人应当追究其法律责任。建立主承销商为主导的持续督导制度，对债券存续期间的经营情况进行督导，保证发行人合规经营，保护投资者利益。建立中介费用递延支付制度或者纳入投资者保护基金进行专项账户管理，一旦发行人出现损害投资者利益的行为，中介机构督导不力的，可以先行扣罚预留的中介费用。

六、建立健全市场监测监管体系

十八大之后，中央多次强调，要把主动防范化解系统性金融风险放在更加重要的位置，要做到科学防范，早识别、早预警、早发现、早处置。对于债券市场而言，就是建立健全风险监测和监管体系。

（一）完善风险监测和预警机制

信用违约、杠杆叠加、期限错配、同业链条资金空转等问题，都可能引发债券市场的大幅波动，导致局部甚至系统性金融风险。同时，资本账户开放过程中，债券市场与其他金融要素市场之间的联动会变得更加紧密，对于金融稳定和宏观经济的影响也会变得更加显著。在中央国务院高度重视防范化解金融风险的大背景下，需不断加强债券市场风险研判，完善风险监测、评估和预警体系。

建立健全债券市场风险监测平台，统一登记托管结算体系。现有分散的债券登记托管体系，使得债券市场数据分布在不同的债券登记托管机构中，无法对整个债券市场进行有效监测，更做不到实时监测。统一的债券登记托管体系可以便捷高效地汇总整个债券市场的数据，实时对债券市场利率波动、资金流动、交易结算、杠杆操作等风险进行监测和预警。

（二）推动建立统一的监管体系

因历史原因，我国债券市场不同品种由不同的监管部门核准、注册或备案，在不同的市场发行和流通，使得债券市场呈现出相对分割的局面。各监管部门为促进各自监管领域的市场发展，易出现“监管竞次”、“跑马圈地”的监管行为。这虽然在相当长一段时间内促进了中国信用债券市场的蓬勃发展，但导致相同功能的债券市场在准入门槛、信息披露、存续期管理等方面存在较大差异，同时，在经济下行压力较大的背景下，也造成债券违约风险频发。受市场分割的影响，处置化解风险以及监管协调难度进一步加大。因此，迫切需要推动债券市场统一监管。

2018年9月，人民银行、证监会联合发布2018年第14号公告，对逐步统一银行间债券市场和交易所债券市场评级业务资质、加强对信用评级机构监管和监管信息共享、推进信用评级机构完善内部制度、统一评级标准以及提高评级质量等方面进行了规范。2018年12月，人民银行、证监会、发展改革委发布了《关于进一步加强债券市场执法工作有关问题的意见》，意见明确证监会对银行间和交易所债券市场违法行为开展统一的执法工作，对涉及公司债券、企业债券、非金融企业债务融资工具、金融债券等各类债券的信息披露违法违规、内幕交易、操纵证券市场以及其他违反证券法的行为，依据证券法有关规定进行认定和行政处罚。该《意见》的发布是完善监管制度和推动功能监管的重要举措。未来，可在此基础上，进一步推动公司信用类债券朝着全面注册制改革的方向，推动信息披露标准和违约处置流程等统一。

主要参考文献

[1]陈云.《公债和钞票的发行计划》[M]. //陈云.《陈云文选》:第2卷. 北京: 人民出版社, 1995:38-41.

[2]陈邦强, 傅蕴英, 张宗益. 金融市场化进程中的金融结构、政府行为、金融开放与经济增长间的关系——基于中国经验(1997—2005)的实证[J].金融研究, 2007(10): 1-14.

[3]陈晖, 岑雅衍. 我国债券市场监管中的利益冲突分析[J].湖南师范大学社会科学学报, 2009(4): 79-82.

[4]迟爱萍.《新中国第一笔国债研究——兼谈陈云关于“人民胜利折实公债”发行思想》[J],《中国经济史研究》, 2003(3).

[5]池薇.《1954—1958年国家经济建设公债研究》[D]. 复旦大学社会科学基础部硕士论文, 2008.

[6]道格拉斯·诺斯. 经济史中的结构与变迁[M]. 上海: 上海三联出版社, 1994.

[7]段艳, 易棉阳. 近代中国债券市场监管的演进和特点[J]. 中国社会经济史研究, 2010(1): 45-52.

[8]范学俊. 金融体系与经济增长：来自中国的实证检验[J]. 金融研究，2006(3): 57–66.

[9]高坚.《中国债券资本市场》[M]. 北京: 经济科学出版社, 2009.

[10]何德旭, 高伟凯. 中国债券市场：创新路径与发展策略[M]. 北京: 中国财政经济出版社, 2007.

[11]中央工农民主政府.《红色中华》[N], 1932(24)–.瑞金:中央工农民主政府, 1932–.

[12]金能尔.《改革我国公债管理刍议》[J].《财经研究》, 1988(8).

[13]康学军.《中央革命根据地的公债发行工作》[J].《财政》, 1984(1).

[14]科斯, 阿尔钦, 诺斯, 等. 财产权利与制度变迁：产权学派与新制度学派译文集[M]. 刘守英, 陈剑波, 胡庄君, 等, 译. 上海: 上海人民出版社, 1994.

[15]李霞. 论苏区公债发行及其历史启示[J]. 河南教育学院学报, 1999(1).

[16]李扬, 钱海龙.中国债券市场(2017)[M]. 北京: 社会科学文献出版社, 2017.

[17]李扬, 钱海龙. 中国债券市场(2018)[M]. 北京: 社会科学文献出版社, 2018.

[18]李昱,陈思宇.日本债券市场的发展及对中国的启示[J].现代日本经济, 2011(4): 54–59.

[19]林红.《新中国唯一发行的实物公债——第一期人民胜利折实公债》[N].《中国档案报》, 2001(12).

[20]林毅夫, 孙希芳, 蒋烨. 经济发展中的最优金融结构理论初探[J]. 经济研究, 2009(8): 4–18.

[21]刘晓剑, 邢森杰. 基于博弈论的债券市场监管主体重构分析[J]. 湖南大学学报(社会科学版),2012(7): 72–75.

[22]楼继伟.《新中国50年财政统计》[M]. 北京: 经济科学出版社, 2000.

[23]马建威. 美国信用评级法律监管的发展及启示[J]. 北京社会科学, 2015(11): 123–128.

[24]毛泽东. 《我们的经济政策》[M]. //毛泽东.《毛泽东选集》: 第1卷, 2版. 北京: 人民出版社, 1991: 130–135.

[25]庞红学, 金永军, 刘源. 美国债券市场监管体系研究与启示[S]. 上海金融, 2013(9): 69–72.

[26]青木昌彦. 比较制度分析[M]. 上海: 上海远东出版社, 2001.

[27]邱南南, 庞业军. 伞形金融监管架构下的债券市场监管[N]. 金融时报, 2012–2–11(6).

[28]任绍敏.《解放初期的天津市证券交易所》[J].《中国金融》,1985(1).

[29]尚明.《新中国金融50年》[M]. 北京: 中国财政经济出版社, 2000.

[30]沈炳熙, 曹媛媛. 中国债券市场30年改革与发展[M]. 北京: 北京大学出版社, 2010.

[31]沈坤荣, 孙文杰. 投资效率、资本形成和宏观经济波动——基于金融发展视角的实证研究[J]. 中国社会科学, 2004(6): 52–63.

[32]时文朝, 张强. 基于结构突变理论的中国银行间债券市场流动性的长期趋势分析[J]. 世界经济, 2009(1): 78–87.

[33]时文朝. 中国企业债券融资: 创新方案和实用手册[M]. 北京: 经济科学出版社, 2012.

[34]孙国峰. 债券市场制度变迁[J]. 资本市场, 2001(8): 61–70.

[35]温彬. 国际债券市场的发展经验及对我国的启示[J]. 上海金融, 2010(9): 54–58.

[36]温彬.我国债券市场分割问题研究[J]. 宏观经济研究, 2010(11): 24–28.

[37]吴福明.《胜利之债——新中国第一债的发行与兑付》[J].《债券》, 2017(10).

[38]吴晗. 我国融资结构演进对经济增长的影响——基于新结构经济学视角的经验分析[J]. 经济问题探索. 2015(1): 115—122.

[39]武力.《建国初期的股市和建立长期资金市场的设想》[J]. 国际金融研究, 1994(1).

[40]万立明. 地方经济建设公债发行初探(1959—1961)[J]. 中共党史研究, 2017(4).

[41]王敏, 王玮.对我国债券市场监管体系的探讨[J]. 福建金融, 2013(11): 30–34.

[42]王琼瑶. 中央苏区和鄂豫皖革命根据地的金融活动[N]. 北京: 中国档案报, 2017–4–7(1).

[43]王勋. 中国金融规模、金融结构与经济增长——基于省区面板数据的实证研究[J]. 财经研究, 2011(11): 50–60.

[44]吴晓灵. 稳步发展企业债券市场、全面优化金融资产结构[J]. 金融研究, 2005(3): 1–6.

[45]吴晓求.中国资本市场研究报告(2018)[M]. 北京：中国人民大学出版社, 2018.

[46]谢兰兰. 对建国初发行的胜利折实公债的回顾与反思[J]. 武汉工程职业技术学院学报, 2003,15(2): 45–47, 60.

[47]解武军, 熊卫东. 对粉碎敌人五次围攻决战公债券发行历史背景的分析[J]. 中国钱币, 2007(4): 55–60.

[48]夏祥谦. 融资规模、结构与经济增长: 中国的经验研究[J]. 上海金融, 2014(3): 8–13.

[49]徐忠. 中国债券市场发展中热点问题及其认识[J]. 金融研究, 2015(2): 29–35.

[50]杨涛. 中国支付清算发展报告(2018)[M]. 北京:社会科学文献出版社, 2018.

[51]杨农，吴志红.中国债券市场发展报告(2015–2016) [M]. 北京:社会科学文献出版社, 2016.

[52]杨学兵, 张涛. 银行间债券市场的SCP分析[J]. 金融研究，2003(3): 20—29.

[53]余平. 中财委与新中国初期经济秩序的确立[D]. 中共中央党校党史教研部博士论文, 2013.

[54]叶青. 公债体系应当独立——五十年代公债政策透视[J]. 中南财经大学学报, 1993(2):57–61;70.

[55]于鑫, 龚仰树. 美国债券市场发展对我国场内债券市场的启示[J]. 上海财经大学学报, 2011(6): 82–88.

[56]张良贵. 融资结构变化对金融加速器效应的影响研究[J]. 软科学, 2014(5): 24—27.

[57]张启安. 浅议中央苏区所发行的三次公债[J]. 人文杂志, 2001(3).

[58]张启迪, 樊力嘉.美国债券保险发展与启示[J]. 全球瞭望, 2014(5):69–71.

[59]张烨. 美国证券市场投资者保护立法的历史演进及对我国的启示[J]. 现代财经. 2008(5): 81–84.

[60]张自力.欧洲高收益债券市场违约风险监管研究[S]. 证券市场导报，2012(4): 4–10.

[61]张宗新, 朱伟骁. 证券监管、执法效率与投资者利益保护——基于国际经验的实证分析[J].财贸经济, 2007(11): 3–8.

[62]赵学清, 周佳. 欧美信用评级监管规则的最新发展[J]. 西南政法大学学报, 2015(6):12–20.

[63]中国国债协会.中国国债市场年报(2015)[M]. 北京: 中国财政经济出版社, 2016.

[64]中国国债协会. 中国国债市场年报(2016)[M]. 北京: 中国财政经济出

版社, 2017.

[65]中国国债协会赴英国培训考察团.英国债券市场与风险控制[J]. 中国财政, 2010(10): 67-68.

[66]《中国金融年鉴》编辑部. 中国金融年鉴[J]. 北京: 中国金融学会, 1986-2019.

[67]中国人民银行. 2012年金融市场运行情况[R]. (2013-02-01)[2019-4-15] http://www.pbc.gov.cn/goutongjiaoliu/113456/113469/2874845/index.html.

[68]中国人民银行. 2013年金融市场运行情况[R]. (2014-01-28)[2019-4-15] http://www.pbc.gov.cn/goutongjiaoliu/113456/113469/2805146/index.html.

[69]中国人民银行. 2014年金融市场运行情况[R]. (2015-01-20)[2019-4-15] http://www.pbc.gov.cn/goutongjiaoliu/113456/113469/2885551/index.html.

[70]中国人民银行. 2018年金融市场运行情况[R]. (2019-01-25)[2019-4-15] http://www.pbc.gov.cn/goutongjiaoliu/113456/113469/3752805/index.html.

[71]钟言. 萌荒时代[J]. 债券, 2017(3): 83-90.

[72]钟言. 场外崛起. 债券, 2017(5):78-85

[73]钟言. 繁荣时代[J]. 债券, 2017(8):87-91.

[74]中央档案馆. 中共中央文件选集: 第27册[M]. 北京: 人民出版社, 2013.

[75]中央国债登记结算有限责任公司债券研究会. 债券市场实务研究文集[M]. 北京: 中国市场出版社, 2008.

[76]中华苏维埃共和国临时中央政府. 中华苏维埃共和国临时中央政府执行委员会训令(执字第十三号), 1932:为发行革命战争短期公债事[A]. 江西社会科学, 1981(S1): 26-28.

[77]周小川.推进中国债务资本市场持续健康发展[J]. 中国金融, 2010(23):8-9.

[78]周小川.继续坚持市场化改革方向、推动债券市场快速健康发展[J].

金融市场研究, 2012(9): 4–6.

[79]周业安, 赵坚毅. 我国金融市场化的测度、市场化过程和经济增长[J]. 金融研究, 2005(4): 68–78.

www.ingramcontent.com/pod-product-compliance
Lightning Source LLC
LaVergne TN
LVHW070614061026
849580LV00019B/2897